김순철 글·사진

통영 統營
르네상스를 꿈꾸다

머리말

●

문화도시는
시민과 함께 만들어가는
합작품

통영 르네상스(1945년 가을 미륵산 용화사 앞 연못가)
위 왼쪽부터 하○○, 박재성, 최○○, 김춘수, 윤이상, 배종혁
아래 왼쪽부터 김용우(약간 위), 옥치정, 정윤주, 유치환, 전혁림, 정명윤

1945년 8월 15일 조국이 해방된 직후 그해 9월 청마 유치환의 제안으로 '통영문화협회'가 결성되었다. 발기인은 유치환(회장), 김용기, 전혁림, 박재성, 정명윤, 윤이상(간사), 김상옥, 김춘수(총무) 등 여덟 명이었다. 이 외에도 김정오, 김용오, 최상한, 정윤주, 배종혁, 서성탄, 옥치정, 허창언 등 여덟 명이 뒤에 합류하였다. 이들은 주로 한글(국문)강습, 미술전람회, 연극공연 등 문화 계몽운동을 통한 민족정신 고취에 주력함으로써 통영사랑에 힘썼다.

물론 여러 가지 사정으로 문화협회가 오래가지 못하고 중간에 해체되어 회원들은 뿔뿔이 흩어졌다. 하지만 이들은 6·25 한국전쟁이 발발하자 그나마 전쟁의 상흔이 덜했던 통영으로 다시 모여들었다. 통영 출신은 아니지만 유강렬, 이중섭 등도 통영으로 왔다. 특히 유강렬은 그 난리 통에 경상남도지사를 설득하여 통영에 경상남도 나전칠기기술원 강습소를 설립하고 동향인 이중섭을 통영으로 데리고 왔다.

유강렬과 이중섭은 통영에 모여 있던 김용주, 유치환, 김상옥, 김춘수 등과 교유하며 작업에 몰두하였다. 특히 통영 최초의 서양화가 김용주를 비롯하여 김기섭 민선 초대 충무시장, 재력가 김용제 등은 훗날 이중섭이 천재 화가가 될 것을 미리 알고 그를 전폭적으로 도와주었다. 해방 이후부터 6·25동란, 이 시기를 우리는 통영문화의 르네상스라 이야기한다.

2000년대 초 민선자치시대가 제자리를 잡으면서 역대 리더들이 문화를 지역발전의 아이콘으로 삼아 제2의 문예부흥기를 맞는다. 리더들 못지않게 평범한 시민들이 나서서 문화운동에 참여함으로써 더한층 문화도시로서의 면모를 갖추기 시작한다.

2007년, 시민의 성금으로 시내 한복판에 김춘수의 〈꽃〉 시비를 건립한 것은 관 주도적으로 문화도시를 가꾸는 것보다는 시민들이 나서서 문화운동을 벌이는 것이 얼마나 아름답고 가치 있는 일인지를 깨닫게 해 주었다. 쓸모없이 버려진 땅에도 예술의 힘을 불어넣을 때 그 불모의 땅에 문화의 향기가 진하게 밴다는 것을 실감했다. 이를 기점으로 시민들이 나서서 여러 곳에 시비, 화비, 문장비 등을 건립하면서 통영은 더욱 아름답고 품격 있는 도시가 되었다. 이처럼 품격 있는 문화도시는 행정뿐만 아니라 온 시민과 함께 만들어 가는 합작품이어야 한다는 것을 일깨워 주었다.

명문장가 김성우는 "시비詩碑나 동상은 한낱 체온 없는 돌덩어리나 쇳덩어리가 아니다. 거기에는 생존 인물보다 더 뜨거운 입김과 생시보다 더 많은 교훈이 있다. 곳곳에 문화예술인들의 시비와 동상을 세운다고 해서 예술가들의 얼굴이 밝아지는 것이 아니라 그 도시가 환해지는 것이다."고 역설했다.

통영 시내 중앙간선도로 양쪽 보도에는 통영이 낳은 전혁림, 김형근, 이한우는 물론, 한국전쟁 당시 통영에서 피난생활을 했던 이중섭 화가의 아트타일이 오가는 이들의 발길을 사로잡는다. 청마거리, 윤이상거리, 초정거리 등 얼마나 아름다운 길 이름인가? 예술인의 이름이 붙은 길 위를 걷는 것은 문화를 가까이하는 지름길임이 자명하다. 작고 아름다운 간판 하나는 공공건물 앞에 세운 미술장식품에 버금갈 만큼 도시 이미지를 바꿀 수 있다. 간판 정비 시범거리를 지정하고 간판을 교체하는 것도 이런 이유에서다.

매주 토요일이면 문화마당에서는 승전무, 남해안별신굿, 통영오광대를 비롯한 음악 동아리들의 공연이 펼쳐지고 이곳으로 모여든 시민과 관광객들은 흥에 겨워 무대는 어느새 흥분의 도가니로 변한다. 시민들은 가족과 함께 음악회, 연극제, 미술관, 심포지엄에 틈나는 대로 얼굴을 내밀고 통영에 사는 것을 긍지로 안다. 만나는 사람마다 옛 지명과 언덕의 이름, 지역에 숨겨져 있는 옛이야기와 유명예술인들의 업적을 자랑거리로 말하고 있다. 이런 곳이 바로 문화예술의 보물 창고 통영이다.

자손만대에 남겨줄 예향이라는 집을 짓는데 아름다운 문화벽돌을 다 함께 찍을 일이다. 우리는 21세기 문화의 시대에 살고 있다. 돈은 일확천금으로 벌 수 있어도 문화는 하루아침에 이루어지는 것이 아니다. 이제 문화생활은 선택이 아니라 필수이다. 시민이 행복해 하고 감동하는 것은 물리적인 길을 내는 것이 아니라 문화의 길을 내는 것이다. 예향 통영에서 품격 있는 문화생활을 누리는 것이야말로 우리의 꿈이다.

그야말로 우리는 문화가 밥 먹여 주는 시대에 살고 있다. 천박한 토목공간에다 '문화도시' 라는 문패를 달아놓고도 부끄러워할 줄 모르는 사람들이 모두 통영에 와서 무릎 칠 수 있도록 품격 있는 도시를 만들어 가는데 번뜩이는 지혜와 뜨거운 가슴을 모을 일이다.

그동안 공직생활을 하면서 직접 기획했거나 직간접적으로 관여했던 문화사업에 얽힌 이야기를 소상히 밝힘으로써 앞으로의 문화행정에 디딤돌이 되었으면 좋겠다. 그동안 시민문화 운동에 적극 동참해 주신 시민 여러분께 깊이 감사드린다. 이 책이 나올 수 있도록 지원을 아끼지 않은 경남문화예술진흥원 관계자 여러분께도 깊이 감사드린다.

2014. 10. 구망산방에서 김순철

차례

002 머리말 · 김순철

part 01

012 김춘수 〈꽃〉 시비
— 시민문화운동 제1호

020 서우승의 〈물소리〉 시비
— 생가 복원해 주겠다는 농담이 진담으로

026 김성우의 〈돌아가는 배〉 문장비
— 문학상보다 더 귀한 상

035 정지용의 〈통영·5〉 문장비
— 미륵산 신선대에 웬 지용 시비가

040 박경리의 〈김약국의 딸들〉과 〈토지〉 문장비
— 라이온스클럽의 뜻깊은 문화사업

045 전혁림 화비畵碑
— 의미 있는 곳에 다시 세워야

part 02

054 〈김약국의 딸들〉 표석
— 육필원고를 받기 위해 원주로

066 김춘수유품전시관
— 유품 인수에서부터 전시관 건립까지

071 윤이상기념관(공원)
— 노후 불량주택지가 시민공원으로

077 박경리기념관
— 국비로 건립한 첫 작품

086 김용식·김용익기념관
— 김수환 목사의 헌신으로 이루어진 작은 기념관

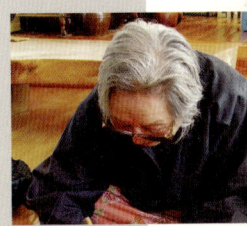

7

part 03

- **096** 통제영과 당포성 복원의 디딤돌
  — 통영에서 화성행궁지, 규장각으로 달려간 사연
- **103** 남망산 국제야외조각공원
  — 통영의 문화공간 조성의 불씨가 되다
- **112** 초정거리
  — 항남1번가보다는 초정거리가 좋아
- **118** 걸어서 떠나는 이야기가 있는 역사문화기행 코스 개발
  — 토영 이야~ 길 콘텐츠 무료로 빌려주다
- **124** 한산대첩과 한산대첩 출정식
  — 한산대첩의 교두보 역할은 당포해전
- **136** 색깔과 이야기가 있는 가는개 마을
  — 대한민국에서 가장 특색 있는 쟁이마을로 만들고 싶어

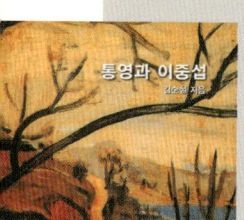

part 04

- **150** 깃발
  — 문학의 도시 통영에 문학동아리 하나 없어서야
- **154** 소설가 유익서의 〈한산수첩〉
  — 동피랑 작가촌 대신 한산도로 간 소설가
- **160** 문화지도 《예향 통영》
  — 예술인과 문화명소를 찾아서
- **164** 《통영과 이중섭》 그리고 〈이중섭의 아내〉
  — 책 한 권의 인연으로 통영에 온 사카이 감독
- **172** 《문화재의 얼굴》
  — 안내판 문안 어떻게 다듬을 것인가?
- **177** 65년 만에 부활한 《산양읍지》
  — 기록은 아름다우나 마음은 괴롭다

part 05

- **184** 청마우체국 그리고 청마를 지키는 사람들
  ― 뜬금없는 친일시비에 휘말린 청마
- **196** 유명예술인 추모제
  ― 순수민간단체가 자발적으로 참여
- **205** 초정 김상옥의 〈백자송白磁頌〉 8폭 자개 병풍
  ― 미국으로 가려던 병풍 이야기
- **210** 유명 예술인 통영 모시기
  ― 헌 농협 창고가 아틀리에로 변신
- **217** 김형근미술관
  ― 경남도 도시계획심의위원회가 원망스러워
- **224** 경상남도 나전칠기 기술원 양성소
  ― 끝내 이루지 못한 그 안타까운 사연

part 06

- **234** 〈돌아가는 배〉 공연
  ― 시민문화회관 건립 이후 최초로 보조석 깔아
- **243** 작곡가 윤이상의 생가가 산청이라니?
  ― 산청은 윤이상의 외가
- **252** 박경리의 생가
  ― 하마터면 생가터 찾지 못할 뻔
- **258** 역사의 섬! 한산도 염개갯벌(쏙잡기 체험)축제
  ― 임란 유적지 한산도에 이야기의 옷을 입혀야
- **264** 청마탄생 100주년 기념 깃발축제
  ― 친일시비를 깨끗이 씻고
- **270** 통영문학제
  ― 김춘수 · 김상옥 · 김용익의 문학정신 이어받아야
- **279** 걸망개 당산축제
  ― 삼월삼짇날 기해 목신에게 바친 제사
- **290** 부록

part 01

김춘수 〈꽃〉 시비
— 시민문화운동 제1호

서우승의 〈물소리〉 시비
— 생가 복원해 주겠다는 농담이 진담으로

김성우의 〈돌아가는 배〉 문장비
— 문학상보다 더 귀한 상

정지용의 〈통영·5〉 문장비
— 미륵산 신선대에 웬 지용 시비가

박경리의 〈김약국의 딸들〉과 〈토지〉 문장비
— 라이온스클럽의 뜻깊은 문화사업

전혁림 화비畵碑
— 의미 있는 곳에 다시 세워야

part 01 김춘수 〈꽃〉 시비

— 시민문화운동 제1호

내가 그의 이름을 불러 주기 전에는
그는 다만
하나의 몸짓에 지나지 않았다.

내가 그의 이름을 불러 주었을 때
그는 나에게로 와서
꽃이 되었다.

내가 그의 이름을 불러 준 것처럼
나의 이 빛깔과 향기香氣에 알맞은
누가 나의 이름을 불러다오.
그에게로 가서 나도
그의 꽃이 되고 싶다.

우리들은 모두
무엇이 되고 싶다.
너는 나에게
나는 너에게 잊혀지지 않는 하나의 눈짓이 되고 싶다.
―김춘수 〈꽃〉 전문

　현대시 100년, 시인 100명이 추천한 애송시 100편에 선정된 김춘수의 시 〈꽃〉 전문이다. 시인 본인이 〈꽃〉을 대표작이라 했는지는 알 수 없으나 아무튼 독자들이 뽑은 국민 애송시이다.
　김춘수金春洙(1922~2004) 시인은 통영 출생으로 일본에서 유학했으며 1946년 동인지 《노만파》로부터 시작활동을 시작했고 첫 시집 《구름과 장미》 이후, 《부다페스트에서의 소녀의 죽음》《타령조 기타》《처용》《김춘수시선》《꽃의 소묘》《남천》《비에 젖은 달》《처용 이후》《처용 단장》《서서 잠드는 숲》 등 여러 권을 출간했으며 다수의 시론집을 내놓기도 했다. 시인은 대학교수로 오랫동안 재직했으며, 한국시인협회 회장을 역임하기도 했다.

청마 유치환 선생과 나이가 14년 차이인데 권재순 여사가 원장으로 있던 문화유치원의 원생이었던 인연으로 1928년 두 분이 결혼식을 올릴 때 김춘수 시인이 화동花童으로 참석했다는 것은 다 아는 일이다.

이러한 인연으로 시인은 2000년 2월 14일 청마문학회와 통영시가 공동 주최한 제1회 청마문학상을 수상하면서 통영과 더욱 가까이 지냈고 2004년 11월 29일 타계하기 전까지 자주 통영을 방문하였다.

시인은 고향 통영 바다와 릴케와 꽃과 이중섭과 처용을 좋아했다. 교과서를 비롯해 여느 시 모음집에서도 빠지지 않는 시가 〈꽃〉이며 우리는 그를 '꽃의 시인' 이라 부르기도 한다. 2004년 그가 타계했을 때 성남으로 조문 가지 못하는 시민들을 위해 통영시민문화회관에 빈소를 마련하여 조문객을 맞은 연유로 통영문인협회에서 매년 기일을 맞아 그의 추모제를 봉행하고 있었다. 2007년 나는 향리의 문단 말석에서 기라성 같은 선배 문인들의 심부름과 뒷바라지를 하면서 문화예술계장의 일을 겸하고 있었다. 그때는 마침 민선 시장들이 나서서 본격적으로 문화 인프라 구축을 위해 주춧돌을 놓던 때였다.

2004년 시인들이 가장 애송하는 시로 김춘수의 〈꽃〉이 뽑혔고 〈꽃을 위한 서시〉는 2007년 10대 시에 뽑히기도 하였다. 2007년 봄, 어느 날 머리를 스치는 생각 하나가 있었다. 꽃집을 경영하는 꽃집 주

인들이 성금을 모아 꽃의 시인이라 불리는 김춘수의 〈꽃〉 시비를 건립하면 전국적인 이슈가 되겠다는 생각이 들었다. 단숨에 나름대로의 추진계획을 입안하여 꽃집 주인들을 설득하기 위해 현장으로 달려갔다. 평소 안면이 있는 꽃집 주인을 만나 대강의 이야기를 했더니 정말 기발한 아이디어라며 반가워했다. 이도 잠깐, 딜레마에 빠졌다. 영업의 특성상 꽃집 연합회가 결성되지 않아 이 일을 주도적으로 추진할 사람이 없다는 것이었다. 여러 사람을 만나 협의해 보았지만 이 일을 도울 수는 있으나 주도적으로 할 수 없다는 입장이었다.

 통영문인협회에서 이 일을 주도해 보자는 안을 내었지만 별 반응이 없었다. 참 난감한 일이었다. 차제에 이러한 좋은 아이디어를 사장시킬 것이 아니라 시민문화운동으로 승화시켜 보아야겠다고 생

각하였다. 지금은 고인이 되었지만 항남동에서 휴대폰 가게를 하고 있던 허도한 친구를 비롯한 이주익, 박우권 등 몇몇 친구들에게 이 사실을 알렸다. 이구동성으로 본 아이디어에 찬동하며 건립추진위원회를 구성하자는데 동의하였다. 이렇게 해서 2007년 8월 28일 '꽃과 의미'라는 작은 모임을 만들고 당시 통영초등학교 100주년 기념사업 추진위원회에 관여하고 있던 이지연(훗날 시의원이 됨) 씨를 회장으로 추대하였다. '김춘수의 꽃 시비 건립 계획'을 기초로 전 시민 모금운동을 펼치기로 결의하고 한산신문을 통하여 "우리는 김춘수의 〈꽃〉 시비를 세우고 싶다"며 본 사업의 취지를 시민들에게 알리고 대대적인 모금 운동을 벌였다.

통영시와 협의한 끝에 시비 건립 대상지로는 항남동 중앙간선도로 2차선 확포장 공사 시 생긴 성광호텔 맞은편의 자투리땅으로 정하고 시인의 3주기인 2007년 11월 29일을 제막식 디데이로 정했다. 초등학생에서부터 노인에 이르기까지 많은 시민들과 시민단체들이 이 문화운동에 동참해 주었다. 이렇게 반응이 좋을지 상상도 못했다. 약 두 달 만에 시비 건립에 소요되는 경비 전액을 모금했고 드디어 2007년 11월 29일, 가을이 무르익어 가던 날 수많은 시민들이 모인 자리에서 시비 제막식이 성대히 개최되었다. 시인의 아들 김용삼(65)은 투병 중에도 유족을 대표해 "시민들께 감사드린다."며 시비 건립을 위해 꽃 200송이를 보내주었다.

모금운동을 비롯한 장소 물색, 시비 제작 등 전 과정을 총괄한데 이어 당일 행사 진행을 맡으면서 가슴속 깊은 곳에서 솟아오르는 감격을 주체할 수 없었다. 물론 이 역사적인 사건이 통영시민 문화운동 제1호로 기록된 것은 하나도 이상할 것이 없었다. 이로 인해 우리는 더더욱 통영시가 예향의 도시라는 자부심을 가져도 하나도

부끄럽지 않았다. 우리는 이런 도시를 일러 문화도시라 일컫는다. 두말할 필요도 없이 이 시비의 주인은 시인도 유족도 아닌 우리 시민이다.

훗날 이 시민문화운동이 마중물이 되어 많은 시민들이 성금을 모아 시내 곳곳에 시비, 화비, 동상 등 갖가지 조형물을 건립했다는 것은 다 아는 사실이다. 특히 시비 제작을 위해 시인께서 자필로 써서 선물로 드렸던 〈꽃〉 육필원고 전문(액자)을 선뜻 내어주신 김성우 선생께 지면을 빌려 깊은 감사의 뜻을 전한다.

이후 2009년경 항남1번가가 '초정거리'로 선포되었다. 이어 항남동 오거리 자투리 공원에 김춘수 동상이 건립되고 초정 생가 입구에 초정의 동상이 서면서 도심의 문화예술장식품 재배치 계획이 수립되었다. 이를 추진하는 과정에서 약간의 오해와 갈등이 있었지만 다행히 김춘수의 〈꽃〉 시비는 2011년 7월 1일 통영문학제 개막일을 기해 남망산 공원 입구 자투리 공원으로 자리를 옮겼다. 그곳은 시인의 생가와 지척일 뿐만 아니라 그가 노상 오르내리며 시심을 달랬던 곳으로 또 다른 의미를 보탰다. 당시 시비 건립에 따른 취지문을 소개한다.

우리는 김춘수의 〈꽃〉시비詩碑를 갖고 싶습니다

이름을 불러주기 전에는 한낱 몸짓에 불과하던 것도 이름을 불러줌으로써 비로소 꽃이 된다고 노래하던 꽃의 시인 김춘수 선생이 홀연히 우리 곁을 떠난 지 3년! 이제 우리가 시인의 이름을 불러주어야 할 때가 왔습니다. 길가의 벽수도 시 한 수 정도 암송할 줄 안다는 예향 통영이기에 눈길 주는 데마다 발길 닿는 데마다 시가 넘치는 거리를 만들기 위해 우리 다 같이 나서고자 합니다. 김춘수 선생 타계 3주기(2007. 11. 29.)를 맞아 우리 시민의 이름으로 중앙간선도로변에 선생님의 육필로 쓴 〈꽃〉 시비詩碑 하나 세우고자 하오니 적극 협조하여 주시기 바랍니다. 시비 건립에 동참하실 분은 아래 계좌로 송금(꽃 한 송이 당 10,000원 이상 자율 기탁)하여 주시면 감사하겠습니다.

2007년 9월 일 꽃과 의미를 그리는 사람들(꽃과 의미) 회장

part 01 | 서우승의 〈물소리〉 시비

―생가 복원해 주겠다는 농담이 진담으로

서우승은 1946년 8월 17일 통영군 산양면 남평리 354번지(현 통영시 산양읍 남평리 야솟골)에서 공무원 서종영과 김태연의 8남매 중 장남으로 출생하였다.

　1967년 이후부터《시조문학》《중앙일보》《여성동아》《새농민》등에 시와 시조를 발표하면서 주경야독의 독학으로 습작기를 거쳤으며 이 무렵 박재두 시인을 만나 시조 창작수업을 받았다. 1973년 서울신문 신춘문예에 시조 〈카메라 탐방〉이 당선되어 문단에 나왔다. 1982년 연작 시조집《카메라 탐방》을 비롯하여 시집《당신 하나로 하여》, 시조선집《카메라 탐방》, 시조집《생각도 단풍들면》등 네 권의 시집을 펴냈다.

　그동안 수향수필문학회 회장, 충무문인협회 회장을 역임하였고 국사편찬위원회 사료조사위원과 통영군지 상임편찬위원, 충무시지 상임편찬위원을 역임한 바 있다. 제30회 경상남도 문화상(문학부문), 제6회 이호우 시조문학상, 제4회 청마문학상을 수상하였다.

　서우승은 향리의 형으로서 나와는 그럴 수 없이 가깝게 지냈다. 늘 "검은 것은 검고, 흰 것은 흰 것이다."라는 나의 외고집에 제동을 걸며 조금만 더 유순해지라며 자주 훈수를 두기도 했다. 그래도 내가 습작한 글을 봐 달라 내밀면 "이제 김계장 글은 내가 보지 않아도 되니 가져오지 말라"며 나를 인정해 주기도 했다.

　청마문학상 수상자이면서 청마의 친일 의혹이 극에 달해 온 나라가 시끄러울 때 제 역할을 다하지 못했다며 미안해 했었다. 늘 곁에서 친형처럼 인생의 훈수를 해줄 줄 알았는데 2008년 3월 30일 미륵산에 진달래 피 뱉은 듯 붉게 핀 어느 봄날 심부름 다하지 못한 채 홀연히 우리 곁을 떠났다. 그의 갑작스런 죽음은 아무도 예견하지 못했다.

　선례가 없다며 설왕설래하는 문인들을 설득하여 통영문인협회 최초의 문인장으로 고인을 떠나보냈다. 시인을 마지막 보내는 우리 문인들로서는 당연한 일이었다.

　　　　땔감하고 쇠꼴 베러 밤낮없이 오르내리던
　　　　미륵산 큰 망 작은 망에
　　　　진달래 피 뱉은 듯 붉게 피었는데
　　　　님은 장난처럼 갔습니다.
　　　　아직도 할 심부름 많이 남았는데
　　　　만우절을 기하여 이렇게 거짓말처럼 가시다니요.
　　　　글이 솥에 들어가지 않고
　　　　밥도 되지 않는다는 것을 알면서도
　　　　늘 자존심 하나로 통영문단을 지켜온 당신!
　　　　아! 시가 이런 것이었구나! 라고 무릎 치게 하던
　　　　그 명시는 어디에서 다시 볼 수 있습니까?
　　　　구구절절 청중의 심금을 울렸던 명연설문은
　　　　언제 다시 들을 수 있습니까?
　　　　좌중을 휘어잡던 그 호방한 웃음,
　　　　질퍽한 농담들 이제 모두 추억이 되고 말았습니다.
　　　　　─영결식에서 시인에게 바친 김순철의 〈님은 장난처럼 갔습니다〉 전문

　평소 그와 가깝게 지내던 이경건, 정해룡, 설복도 등을 규합하여 2009년 3월 6일 '설엽을 사랑하는 사람들'을 결성하였다. 고문으로 강수성, 이경건, 김복근을 추대하였으며 대표에 설복도, 부회장에 배숙자·이문효를 선임하고 감사는 박순생, 사무국장은 본인이 맡았다. 1주기 추모제, 시화전, 시비 건립 등의 계획을 수립하고 회원을 모집한 결과 원근 각지에서 132명의 회원이 동참해 주었고 모금한 성금만 1,300만 원을 상회했다.

　그의 1주기를 맞아 2009년 3월 27일부터 4월 1일까지 통영시민문화회관 대전시실에서 서우승의 주옥같은 시에 형형색색 그림으로 옷을 입힌 시화전이 열려 성황을 이루었다. 3월 30일 야숫골마을 입구에서는 1주기 추모제와 함께 '물소리' 시비 제막식이 있었다. 정말 감회가 깊은 행사였다.

　귀한 습지를 시비 건립지로 내어 준 김병헌 아나파치과 원장을 비롯하여 시비 건립에 적극 협조해 준 유족과 회원 여러분께 깊이 감사드린다. 사후 10년이 넘어도 시비 하나 세우지 못하는 시인들이 허다한데 1주기부터 이런 대접을 받는다고 부러워하는 시인들이 많았다.

　서우승은 생전에 청마나 초정, 대여 같은 큰 시인의 그늘에 묻혀 존재가 가려져 있었다고 해도 과언이 아니다. 이제 현 시점에서라도 그의 문학적 업적이 재평가되어야 하리라 본다. 그가 나고 자란 야소골로 가자면 마을 입구의 조그마한 다리 하나를 사이에 두고 하천 주변으로 조성된 아름다운 느티나무 숲이 있다. 이 숲은 오래 전 마을 주민들이 마을로 불어오는 바람을 막기 위해 심은 방풍림이다. 숲 앞 조그만 연못 가운데 시조시인 서우승의 〈물소리〉 시비가 서 있다.

아주 찾아 나서지는 말고
까마득한 옛 얘기 속 더듬듯
한 여든 해쯤
실안개 속 더듬어 가게나

가다가 지치면 그곳에
오두막채 하나 마련해 살다가
아주 잊지는 말고

한 여든 해 잊고 살다가

문득 왁자그레 물소리 나서
그때 그 몸살이 도져올라치면

또 나서게
더도 말고 한 여든 해

 2009년, 1주기 추모제를 시작으로 그를 사랑하는 사람들이 모여 매년 조촐하지만 한 해도 거름 없이 추모제를 봉행한다. 돌아오지 않을 줄 알면서도 우리는 지난 2014년 3월 30일 그를 잊지 않기 위해 여섯 번째 추모제를 올렸다.

part 01

김성우의 〈돌아가는 배〉 문장비

― 문학상보다 더 귀한 상

　　　　　　　가을이 한창 무르익어 가던 2009년 10월 24일, 대한민국의 내로라하는 수많은 문인들이 욕지도에 속속 도착하고 있었다. 수평선에 떠오르는 일출이 장관을 이루는 욕지일주도로변 새천년기념공원에서 오후 2시부터 열리는 김성우의 〈돌아가는 배〉 문장비 제막식에 참석하기 위해 서울, 부산 등 전국에서 김성우를 사랑하는 사람들이 그의 고향 욕지도로 몰려왔다.
　　제막식은 경과보고, 약력보고, 제막, 인사말씀 등 1시간 동안 축제 분위기 속에서 진행되었다. 〈돌아가는 배〉는 명문장가로 이름이 높은 김성우 선생이 1999년 발간한 자전적 에세이집 제목이자 수록된 글의 마지막 제목이다. 이번에 건립된 문장비는 화강암 받침에 가로 2.05m, 높이 1.23m의 오석烏石에 〈돌아가는 배〉 맨 마지막 장 첫머리 부분을 새겼다.

> 나는 돌아가리라. 내 떠나온 곳으로 돌아가리라. 출항의 항로를 따라 귀항하리라. 바람 가득한 돛폭을 달고 배를 띄운 그 항구에 이제 안식하는 대해의 파도와 함께 귀향하리라. 어릴 때 황홀하게 바라보던 만선滿船의 귀선歸船, 색색의 깃발을 날리며 꽹과리를 두들겨대던 칭칭이 소리 없이라도 고향으로 돌아가리라. 빈 배에 내 생애의 그림자를 달빛처럼 싣고 돌아가리라.

비 뒤쪽에는 '자전적 에세이집 《돌아가는 배》는 이 섬에서 자란 그의 고향 찬가이자 사향의 노래로 당대 최고의 명문이라 절찬 받는 명저다' 라는 소개 글과 함께 문장비 주인공인 저자의 약력을 새겼다. 특히 문장비는 욕지 개척 121주년을 맞아 2005년 5월 고향인 욕지도 동항리에 '돌아가는 배' 문학관을 세워 귀향한 뒤 작은 음악회와 영화 상영, 연극 공연, 시낭송 연수회 등을 열어 고향 홍보에 크게 기여하고 있는 그의

공로를 기려 '욕지 개척기념축제 운영위원회'를 중심으로 섬마을 주민들은 물론 그를 사랑하는 사람들이 자발적으로 모금한 1,200만 원의 성금으로 건립해 의미를 더했다.

이날 문장비 제막식에는 노재봉 전 국무총리, 김종하 전 국회 부의장, 박우동 전 대법관, 송복 연세대 명예교수, 연극인 손숙, 오세영 서울대 명예교수, 진의장 통영시장과 주민 300여 명이 참석했다. 또 이날 저녁 저자가 귀향해 둥지를 튼 '돌아가는 배' 문학관에서는 시낭송회가 열려 가을 정취가 물씬 묻어나는 섬마을에 문학의 향기를 뿌렸다. 문장비의 주인공인 김성우 선생은 1934년 9월 7일 통영 욕지에서 출생하여 서울대학교 문리과대학 정치학과를 졸업하였다. 한국일보 파리 특파원, 편집국장, 주필, 논설고문 등을 역임하였으며 우리나라 최초의 명예시인이자 명예배우이다.

대한민국문화예술상, 서울시문화상, 삼성언론상, 프랑스국가 공로훈장 등을 수상하였으며 《세계의 문학기행》《세계의 음악기행》《백화나무 숲으로》《파리에서 만난 사람》《문화의 시대》《인생은 물음이다》 등 주옥같은 저서를 남겼다.

김성우 선생과의 인연은 한참 거슬러 올라간다. 우연한 기회에 《돌아가는 배》를 읽고 그의 열렬한 팬이 되었다. 그토록 아름답고 명쾌한 문장을 본 적이 없던 나는 그의 맹신자가 되었다. 아주 오래 전에 발간한 선생의 저서 《문화의 시대》가 있다는 것을 신문을 통해 알고 선생께 편지를 보내 기어코 저자의 사인이 있는 책을 선물로 받는 등 꾸준히 그의 책을 읽기 시작했다. 지금은 그의 거의 모든 저서를 다 소장하고 있을 정도이다. 이후 선생의 웬만한 잔심부름을 자처하며 선생을 가까이에서 모셨다.

이러한 인연으로 고향 욕지도에 선생의 문장비를 세우는 일이야말로 우리 통영 시민이 그에게 보답하는 길이라는 것을 굳게 믿었다. 이 일이야말로 꼭 이루어야 할 가치 있는 일이라 생각하고 이를 수행하기 위해 다각적으로 고민하고 있었다.

이 또한 시민문화운동을 벌이면 충분히 성사시킬 수 있는 일이라 확신하였다. '문장비 건립 계획'을 수립하고 이를 실행하기 위해 사전에 욕지 주민들의 여론을 들어본 결과 이 일에 찬성하는 사람들도 있었지만 그렇지 않은 사람들도 있었다. 고민 끝에 '욕지 개척기념축제 운영위원회'에서 이 일을 주관해 주었으면 좋겠다는 생각으로 관계자를 만났다. 본 계획에 전적으로 동의해 준 곽금식 위원장과 김홍국 국장에게 진심으로 감사드린다.

사람이 하는 일이라 약간의 틈새도 있었지만 수많은 욕지 주민들과 그를 사랑하는 시민들의 성금 기탁으로 본 사업이 완료됨으로써 또 한 번 문화시민으로서의 자긍심을 갖게 된 것은 큰 수확이 아닐 수 없다. 돌아가서조차 이곳 고향 땅에 묻히기를 희망하며 차근차근히 준비하고 있는 선생님을 보면 숙연한 마음까지 드는 것을 어찌할 것인가. 당시 성금 모금을 위한 취지문과 노재봉 전 국무총리의 제막식 인사말씀을 차례로 소개한다.

〈돌아가는 배〉 문장비 건립에 부쳐

"나는 돌아가리라. 내 떠나온 곳으로 돌아가리라. 출항의 항로를 따라 귀항하리라. 젊은 시절 수천 개의 돛대를 세우고 배를 띄운 그 항구에 늙어 구명보트에 구조되어 남몰래 닿더라도 귀향하리라. 어릴 때 황홀하게 바라보던 만선滿船의 귀선, 색색의 깃발을 날리며 꽹과리를 두들겨대던 그 칭칭이 소리 없이라도 고향으로 돌아가리라. 빈 배에 내 생애의 그림자를 달빛처럼 싣고 돌아가리라."

위 문장은 김성우 선생님의 〈돌아가는 배〉 중 일부분입니다. 선생님께서는 2005년 5월 통영시 욕지도에 닻을 내리시고 서울과 욕지도를 오가며 시낭송대회, 시낭송 강연, 독후감 쓰기 등 고향 욕지를 전국에 홍보함은 물론 통영문화예술 발전에 헌신하고 계십니다.

　우리는 최초의 명예시인, 유일한 명예 연극배우 등 선생님 이름 하나로 늘 예향 통영에 사는 것을 자랑으로 삼고 있습니다. 선생님의 고향에 대한 그 절절한 사랑을 오래도록 간직하기 위해 욕지항이 바라다 뵈는 아름다운 곳에 선생의 문장비文章碑 하나 세워 영원히 선생님을 기억하고자 합니다. 문장비 건립에 도움주실 분께서는 아래 계좌로 송금해 주시면 대단히 감사하겠습니다.

　　　　　　—2009. 5. 욕지개척기념축제운영위원장 곽금식

김성우의 〈돌아가는 배〉 문장비 제막식 축사

오늘 아침 일찍 일어나서 지금까지, 손끝으로는 수백 번 키 버튼을 누르고 눈으로는 수천 개의 광고를 보며 발로는 흙이라고는 없는 아스팔트 길 위로 버스라는 기계를 타고 여기까지 왔습니다. 놀란 것은, 그 모든 것에서 해방된 욕지도의 풍광입니다.

친애하는 시장님, 그리고 귀빈들과 이곳 주민 여러분!

예부터 산수가 좋으면 영재가 나는 법이라고 합니다. 김성우는 그런 영재, 욕지가 키운 영재입니다. 동시에 그는 욕지를 키워 온 영재입니다. 아직도 그는 욕지를 키우고 있습니다. 욕지라는 그의 고향은 마르지 않는 그의 열정의 샘물이었고 영원히 회귀하는 그의 혼의 이정표였습니다. 그가 〈세계문학기행〉이라는 사상 유례없는 문학지도를 그려낸 후, 미처 책이 나오기 전에 나에게 한 말이 기억납니다. "모든 문학적 명작은 고향이 바탕이었다."고.

이 발견이 작품으로 승화된 것이 〈돌아가는 배〉입니다. 〈돌아가는 배〉는 형식으로 가늠할 수 없는 작품입니다. 그래서 그 흔한 문학상 하나 이 책에 부여되지 않았습니다. 대신에 세계 어디에서도 찾아볼 수 없는 희한한 '문장비'라는 것이 세워지게 되었습니다. 다른 사람들과 다른 사람 이야기를 추구해 온 그에게 이렇게 알맞을 수 없이 다른 비들과 다른 비를 보게 되었습니다.

그는 분명 다른 사람입니다. 그리고 다른 문장을 써 왔습니다. 나와 함께 그가 대학을 입학하던 1953년, 전국에서 최고의 합격점을 유지해오던 서울대 정치학과에 수석으로 입학하더니, 그 정치학도가 연탄불 옆에 앉아 차 한 잔을 놓고 늘 하는 얘기는 수학과 어휘에 관한 것뿐이었습니다. 말하자면 그는 군더더기가 있을 수 없는 수학을 생각하면서 속기에서 벗어난 어휘들을 골라 때 묻지 않은 눈으로 세

상을 투시하려 했던 것입니다. 이것은 '너무도 인간적'인 것을 싫어한 그만의 시적 에스프리로 자리 잡았습니다. 이리하여 그에게는 정치학이 따로 없고 예술이 따로 없으며 시도 소설도 희곡도 수필도 따로 없는 글을 써 내려갔습니다.

재학시절 〈휴전선〉이라는 제목의 신춘문예 당선작, 그리고 〈돌아가는 배〉와 함께 또 하나 〈파리에서 만난 사람〉이라는 책은 그 증거들입니다. 장르를 뛰어넘는 이런 글들은, 그가 애호하고 천착하며 그의 사색의 동반자들인 파스칼, 몽테뉴, 라로슈푸코 그리고 니체의 글에 어떤 종류의 상도 해당될 수 없는 것과 마찬가지입니다.

그런 김성우를 위해 뜻을 모아 상 대신에 비를 세우신 여러분들에게 진심으로 깊은 감사를 드립니다. 읽어보면 누구나 그 문장에 감탄하면서도 그 값어치가 세계적이고 역사적이라는 판단에 이르러 비를 세우려 한 이 고장 여러분의 고매한 감성에 경탄해 마지않습니다. 이 비는 비단 김성우를 위한 비일 뿐 아니라 여러분의 탁월한 예술혼에 바쳐진 비이기도 합니다. 동시에 김성우라는 대문장가를 친구로 가진 여기 동석해 주신 나를 포함한 모두의 행운과 자랑의 비이기도 합니다.

이제 가을 하늘 낙양의 노을빛에 우뚝 선 이 문장비는 영감의 금빛으로 돌아가는 배에 실려 우리에게 다가올 것입니다. 너무나 아름다워 슬프기조차 한 이 시간은 우리와 함께 영원할 것입니다. 감사합니다.

part 01 | 정지용의
〈통영·5〉
문장비
— 미륵산 신선대에 웬 지용 시비가

　　통영과 한산도 일대의 풍경 자연미를 나는 문필로 묘사할 능력이 없다. 더욱이 한산섬을 중심으로 하여 한려수도 일대의 충무공 대소 전첩기를 이제 새삼스럽게 내가 기록해야 할 만치 문헌이 부족한 것도 아니다. 우리가 미륵도 미륵산 상봉에 올라 한려수도 일대를 부감할 때 특별히 통영포구와 한산도 일폭의 천연미는 다시 있을 수 없는 것이라 단언할 뿐이다. 이것은 만중운산 속의 천고절미한 호수라고 보여진다. 차라리 여기에서 흐르는 동서 지류가 한려수도는커녕 남해 전체의 수역을 이룬 것 같다.

　이는 미륵산 신선대에 있는 높이 1.2m 폭 0.8m의 마천석에 새긴 정지용의 〈통영·5〉 문장비 내용이다. 물론 상당히 긴 〈통영·5〉의 일부분을 발췌하여 새겼다. 시비 뒷면에는 "8·15해방 이후 시인 정지용(1902~ ?)은 부산에서 통영을 거쳐 진주를 여행하면서 18편의 기행문을 써 이를 〈남해오월점철南海五月點綴〉에 묶어 남겼다. 그중

통영에서는 청마 유치환의 안내를 받아 제승당, 충렬사, 미륵산 등을 둘러보며 6편의 기행문을 썼다. 특히 이 중 〈통영·5〉는 미륵산에서 한산도 앞바다를 바라보며 시인으로서 느낀 점을 정말 진솔하고 생생하게 표현하여 지금도 이 글을 읽으면 그때 이곳에 서있던 선생의 모습이 그려진다. 선생의 고향 충북 옥천에서 보내 온 생가터 흙을 시비詩碑 속에 함께 묻어두었다."라고 새겼다.

정지용은 충북 옥천 태생으로 1923년 동경에 있는 동지사대학同志社大學 영문과에 입학하여 1926년 유학생 잡지 《학조學潮》에 시 〈카페 프란스〉를 발표하면서 시인으로 활동하기 시작했다. 그는 1930년 《시문학》 동인, 1939년 《문장》지 추천위원, 1945년 이화여대 문과 과장, 1946년 경향신문 주간 등을 역임한 1930년대 이후 우리나라의 대표적 시인이다. 6·25 이후의 행적은 불확실한 채로 1953년 북한으로 돌아간 것으로 알려져 있다.

정지용은 광복 이후 국도신문 연재를 위해 기행을 한 것으로 보이는데 짧은 기행산문 〈남해오월점철南海五月點綴〉 18편을 남겼다. 그 중 부산에서 5편, 통영에서 6편, 진주에서 5편을 썼다. 정지용은 부산 기행을 마치고 발동선을 타고 통영으로 왔다가 진주로 간다. 통영에 온 지용을 청마와 최두춘 두 시인이 안내를 맡았던 것도 재미있다. 여행을 마치고 난 저녁에는 통영의 예술인들이 함께 모여 항남동 어느 골목 선술집에서 말술을 마시며 의기투합했을 것이라는 것은 보지 않아도 훤한 일이다.

부산에서 통영으로 출발할 시점의 서술이 매우 재미있다. 그의 산문 〈통영·1〉에서 "영도 향파댁 남창 유리가 검은 새벽부터 흔들린다. 새벽이 희여지자 유리창 밖 가죽나무 가지가 쏠리며 신록 잎알들이 고기 새끼들처럼 떤다. 나는 저어기 걱정이다. 바람이 이만해도 통영까지의 나의 배 멀미가 겁이 난다." 당대 최고의 시인이 쓴 산문도 매우 시적이고 감각적이다.

〈통영·1〉에서는 발동선을 타고 통영에서 부산으로 오는 바닷길에 펼쳐지는 한려수도 다도해의 아름다움을 시인의 뛰어난 감각으로 묘사해 두었다. 〈통영·2〉에서 통영이 한류와 난류의 교차지점이라는 것을, 〈통영·3〉에서는 충렬사 방문 감회를, 〈통영·4〉에서는 한산도 제승당 방문 이야기를, 〈통영·5〉에서는 미륵산 정상에서의 통영조감을, 〈통영·6〉에서는 어업 생산기지로서의 통영을 기술했다. 특히 〈통영·5〉 말미에서 "통영에서 경북 본선까지의 철도가 부설된다면 부산을 경유하지 않고 산간벽지까지에도 생선의 분배가 고를 것 같다."고 했다. 그런데 지금 통영~대전 고속도로가 개통되었고 KTX 가설까지 구상하고 있으니 시인의 혜안이 놀랍다.

그럼 통영 출신도 아닌 저 멀리 충청도 옥천을 고향으로 둔 지용의 〈통영·5〉라는 문장비가 왜 통영 사람들이 가장 신성시하는 미륵산 신선대에 세워졌을까? 2007년 김춘수의 꽃 시비 건립을 성공적으로 마친 이후 2008년 '테마가 있는 시비 건립 계획'이라는 또 하나의 아이템을 기획하였다.

김춘수의 〈낮달〉, 박경리의 〈판데목 갯벌〉, 유치환의 〈귀고〉 〈식목제〉, 김상옥의 〈사향〉 〈봉숫골〉, 백석의 〈통영·1〉, 김용익의 〈밤배〉, 정지용의 〈통영·2·3·5〉, 김성우의 〈돌아가는 배〉 등 통영 출신 예술인들이 고향을 소재로 많은 작품을 썼다. 이러한 작품을 썼을 법한 장소를 찾아 그곳에 시비를 건립하는 계획이었다.

　시비 건립 방법 또한 관이 주도할 것이 아니라 민간단체들이 나서는 것이 훨씬 더 효과가 클 것이라는 데 착안했다. 2008년 1월경 통영관광개발공사를 비롯한 로터리클럽 등 민간단체 대표들을 초청하여 간담회를 개최한 결과 의외로 반응이 좋았다. 테마가 있는 시비 건립의 일례로 제시한 정지용의 〈통영·5〉 문장비는 모 단체와 경합까지 한 끝에 결국 통영관광개발공사가 맡았다. 약 2년 동안의 준비 과정을 거쳐 드디어 2010년 2월 26일 제막식을 가졌다. 정지용의 문학비를 세워준 통영시에 감사하는 마음으로 옥천의 문화예술인들이 대거 통영을 찾았다. 그들은 통영인의 통 큰 포용에 감사했고 시인의 혜안에 감동했다. 시인의 아름다운 한 편의 문장은 옥천과 통영을 형제 도시처럼 만들기에 충분했다. 이 외에도 많은 시비, 화비가 '테마가 있는 시비 건립 계획'의 일환으로 세워졌다.

　세계의 대작가들은 거의 모두 시골을 고향으로 두었다. 그들은 한결같이 고향을 노래했다. 이제 고향 사람들이 그들을 기리고 기념하는 것은 당연지사이다. 앞으로도 계속해서 이러한 문화운동이 들불처럼 번지길 기대한다.

part 01 박경리의
〈김약국의 딸들〉과
〈토지〉 문장비
— 라이온스클럽의 뜻깊은 문화사업

박경리기념관 정원에서 묘소로 올라가는 나무 계단 앞에 쌍둥이 문장비 2기가 나란히 서 있다. 이 비는 통영라이온스클럽이 주관하고 고성·거제·충무·욕지·새거제·장승포·새고성·거제송죽·거제중앙·고성남산·거제팔색조·통영동백·거제팔경 라이온스클럽이 주최하여 개최한 국제라이온스협회 355-C지구 8지역 '제30회 합동봉사다짐대회'를 기념하여 세우고 2010년 11월 4일 제막식을 가졌다.

문장비 상석은 오석을 자연석 형태로 가공하였고 좌대석은 화강석이다. 좌대를 포함하여 비 전체의 높이는 2.1m이며 전체 폭은 2.4m이다. 이 비의 형태적 의미는 알을 깨고 나와 우주 삼라만상을 배회하고 고향 둥지로의 귀환하는 의미를 담고 있다.

왼쪽에는 박경리의 대하소설 《토지》 1부 1권 1편 '어둠의 발소리' 〈서〉 중에서, 오른쪽은 통영을 배경으로 한 장편소설 《김약국의 딸들》 제1장 〈통영〉 중에서 일부를 발췌하여 새겼다.

통영라이온스클럽에서는 매년 자체 기금으로 표나는 사업을 한가지씩 하고 있었다. 때마침 2010년 사업으로 무엇을 할지 고민하다가 어느 날, 문화예술과 관계된 사업 중 어떤 것을 하면 좋을지 자문을 요청해 왔다. 박경리기념관이 개관된 지 얼마 되지 않았고 가장 많은 사람들이 볼 수 있는 의미 있는 일이라 생각하여 본 사업을 적극 권유함으로써 전격 이루어졌다.

우리의 권유에 망설임 없이 일을 적극 추진해 준 통영라이온스클럽 관계자 여러분께 진심으로 감사드린다. 비문의 내용은 다음과 같다.

1897년의 한가위.

까치들이 울타리 안 감나무에 와서 아침 인사를 하기도 전에, 무색 옷에 댕기꼬리를 늘인 아이들은 송편을 입에 물고 마을길을 쏘다니며 기뻐서 날뛴다. 어른들은 해가 중천에서 좀 기울어질 무렵이래야, 차례를 치러야 했고 성묘를 해야 했고 이웃끼리 음식을 나누다보면 한나절은 넘는다. 이때부터 타작마당에 사람들이 모이기 시작하고 들뜨기 시작하고 — 남정네 노인들보다 아낙들의 채비는 아무래도 더디어지는데 그럴 수밖에 없는 것이 식구들 시중에 음식 간수를 끝내어도 제 자신의 치장이 남아 있었으니까. 이 바람에 고개가 무거운 벼이삭이 황금빛 물결을 이루는 들판에서는, 마음 놓은 새떼들이 모여들어 풍성한 향연을 벌인다.

"후우이이 — 요놈의 새떼들아!"

극성스럽게 새를 쫓던 할망구는 와삭와삭 풀발이 선 출입옷으로 갈아입고 타작마당에서 굿을 보고 있을 것이다. 추석은 마을의 남녀노유, 사람들에게뿐만 아니라 강아지나 돼지나 소나 말이나 새들에게, 시궁창을 드나드는 쥐새끼까지 포식의 날인가 보다.

— 박경리의 대하소설 《토지》 1부 1권 1편 어둠의 발소리 서序 중에서

통영은 다도해 부근에 있는 조촐한 어항漁港이다. 부산과 여수 사이를 내왕하는 항로의 중간지점으로서 그 고장의 젊은이들은 '조선의 나폴리'라 한다. 그러니만큼 바닷빛은 맑고 푸르다. 남해안 일대에 있어서 남해도와 쌍벽인 큰 섬 거제도가 앞을 가로막고 있기 때문에 현해탄의 거센 파도가 우회하므로 항만은 잔잔하고 사철은 온화하여 매우 살기 좋은 곳이다. 통영 주변에는 무수한 섬들이 위성처럼 산재하고 있다. 북쪽에 두루미목만큼 좁은 육로를 빼면 통영 역시 섬과 별 다름이 없이 사면이 바다이다. 벼랑가에 얼마쯤 포전浦田이 있

고 언덕배기에 대부분의 집들이 송이버섯처럼 들앉은 지세는 빈약하다. 그래서 대부분의 주민들은 자연 어업에, 혹은 어업과 관련된 사업에 종사하고 있었다. 일면 통영은 해산물의 집산지이기도 했다. 통영 근처에서 포획하는 해산물이 그 수에 있어 많기도 하거니와 고래로 그 맛이 각별하다 하여 외지 시장에서도 비싸게 호가되고 있으니 일찍부터 항구는 번영하였고, 주민들의 기질도 진취적이며 모험심이 강하였다.

—박경리의 장편소설 《김약국의 딸들》 제1장 통영 중에서

 이 외에도 우리 지역에는 사회단체가 세운 조형물이 곳곳에 산재해 있다. 1974년 9월 충무청년회의소가 남망산공원에 세운 유치환의 〈깃발〉 시비와 1993년 1월에 통영라이온스클럽이 시내 항남동 오거리 시계탑 옆에 세운 심문섭의 〈고향〉이 대표적이다. 물론 그 단체 대표의 취향에 따라 다르겠지만 많은 사회단체에서 이러한 문화운동에 관심을 가져준다면 예향 통영의 품격은 더한층 높아지리라 믿는다.

part 01

전혁림
화비畵碑
― 의미 있는 곳에 다시 세워야

2010년 5월 25일 저녁 6시 50분! 한 세기 동안 오로지 고향 통영을 지키며 한려수도의 풍경을 오방색으로 수놓던 선생께서는 오랜만에 화필畵筆을 놓고 긴 영면에 들어갔다.

퇴근 무렵이었다. "아버지께서 위독하시니 장례문제를 의논해야겠다"는 전영근 관장의 전화를 받고 부랴부랴 세계로병원 응급실에 도착했다. 산소호흡기에 의존한 채 검진이 계속되고 있었고 오늘을 넘기기가 어렵다는 의사의 진단이 있었다. 천수를 다하였기에 언젠가는 돌아가리라고 생각은 했지만 그날이 이렇게 빨리 올 줄은 미처 몰랐다.

급히 유족을 찾는다기에 관장과 함께 응급실로 들어서자마자 선생님께서 운명하셨다. 벽시계가 정확히 오후 6시 50분을 지나고 있었다. 약 한 달간 통영세종병원에 입원해 계시다가 퇴원 후 일주일간 음식도 잘 자시고 편안히 지냈다. 그날 오후 갑자기 건강이 악화되어 세계로병원 응급실로 옮긴 지 불과 몇 시간 만에 타계하였다.

시민장으로 성대히 모시지 못한 점이 마음에 걸렸지만 통영예술인들의 마음을 모아 통영예술인장으로 모시기로 하였다. 선생님께서 셀 수 없이 화폭에 담았던 그 강구안 문화마당의 분향소에는 남녀노소 할 것 없이 많은 시민들이 영전에 국화꽃을 놓고 향을 살랐다.

유택으로 정한 곳은 선생님의 창작혼이 서려 있는 작업장 인근의 풍경 좋은 풍화리 양화마을이다. 산양읍 양화마을 주민들도 선생님이 오신다고 좋아들 한다니 위대한 예술가를 알아볼 줄 아는 주민의 의식수준이 대단하다. 잘 다듬어진 선생의 묘역 또한 예향 통영의 명소가 되고 남을 것이기에 더욱 감사할 따름이다.

《통영과 이중섭》이라는 책을 쓰기 위해 선생께서 타계하기 약 7개월 전인 2009년 10월 7일 전영근 관장의 도움으로 전혁림 화백과의 마지막 인터뷰를 진행한 일이 있었다. 노익장을 과시하며 미술관까지 내려오셔서 이런저런 이야기를 들려주었다. "기섭이가 이중섭의 소 한 마리를 몰고 갔다 아이가. 요즘 그 소가 억수로 비싸다"며 농담을 던져 얼마나 웃었는지 모른다.

선생께서는 언어의 장벽으로 문인이 되고 싶었던 꿈을 접고 화가가 되었다. 제도권 안에서 공부를 하지 않았다는 이유로 소위 중앙화단으로부터 늘 소외되었지만 가장 통영적인 것이 가장 세계적이라는 것을 믿으며 올곧게 고향을 지켜주신 선생님의 화력畵曆에 큰 박수를 보내지 않을 수 없다.

동시대를 살면서 한 시대를 풍미했던 김용주, 이중섭, 유강렬, 한묵 등과도 교유하였고 줄기차게 한려수도의 아름다움을 화폭에 담아왔다. 구십도 젊다며 붓을 놓지 않던 전혁림 선생님, 선생님은 가셨지만 우리는 선생님을 영원히 잊지 못할 것이다.

전혁림 화백은 1915년 통영 무전동 128번지에서 태어나 통영수산학교를 졸업하고 전공과는 다른 미술의 길을 선택한다. 미술 전문학교 문턱에도 가보지 않고 오로지 독학으로 그림 공부를 하여 한국화단의 거목으로 우뚝 선 독보적인 인물이다.

특히 미술이라고 하면 중앙화단과의 관계가 좋아야 하고 학연이나 유행에 민감해야 하나 오로지 그는 1977년부터 고향에 은둔하면서 묵묵히 자신만의 독특한 색채와 풍경을 노래해 왔다. 통영 앞바다의 색채를 주요 모티프로 삼아 독특한 화면 구성과 색채 사용으로 한 일가를 이룬 그를 화단에선 '색채의 마술사' 또는 '한국적 추상화의 시조'로 평가한다.

당시 문화 파트의 일을 하고 있었을 뿐만 아니라 이런저런 인연으로 전 화백의 장례식에도 직접 참여하여 우리 시가 할 수 있는 일들은 성의껏 도왔다. 이러한 인연과 시민문화운동을 이끈 경험을 토대로 시민들의 성금을 모아 2011년 1주기를 맞아 그의 화비를 건립하자는 의견을 제안하였다.

봉평동주민자치위원회(위원장 이부우)와 통영미술협회(회장 최규태)가 공동 주관하여 이를 추진할 수 있도록 계획을 수립하고 설명회를 개최하는 등 차근차근 사업을 진행시켰다. 수많은 시민들이 자발적으로 성금을 보태고 유족 측에서도 적극 협조함으로써 2011년 5월 24일 1주기를 맞아 그가 쉼터로 자주 찾았던 봉평동 당산나무 아래 화비가 건립되고 많은 시민들이 모인 가운데 제막식이 열렸다. 화비는 조각가 이명림이 전 화백의 1984년 목제조각 작품인 '학기둥'을 확대한 것으로 높이 2m, 폭 50㎝ 오석烏石 받침 위에 화강암을 놓아 제작했다.

그러나 얼마 후 당산나무 인근의 식당 주인이 갑자기 심근경색으로 세상을 떠나자 당산나무 옆 화비 때문이라는 근거 없는 소문이 일파만파로 번졌다. 화비를 세우기 위해 공사를 하면서 마을 수호신인 당산나무 뿌리를 다치게 해 신의 저주로 또 다른 재앙이 계속 발생할 것이라는 괴소문으로

주민들을 불안하게 했다.

  이 일을 추진했던 주민자치위원회는 물론 유족들도 난감하기 짝이 없었다. 과학적인 근거는 없지만 소문이 계속 퍼져나가면 고인에게도 좋을 것이 없었다. 결국 통영시와 봉평동은 용화사 소공원 조성이 완성되면 전혁림거리 지정과 더불어 전혁림 학기둥 화비를 이곳으로 옮겨 설치하겠다는 방안을 제시했고 유족과 주관단체가 이에 합의함으로써 결국 화비를 임시로 철거했다.

  어떤 연유인지는 몰라도 아직까지 화비가 제자리를 찾지 못해 안타까운 마음 금할 길 없다. 유족과 시민들의 성금으로 제작된 화비인 만큼 지금이라도 좋은 방안을 찾아 적당한 곳에 선생의 화비가 자리 잡았으면 더한 바람이 없겠다. 당시 취지문과 제막식에 즈음하여 정해룡 시인이 쓴 시를 소개한다.

전혁림 화백 화비畵碑 건립에 부쳐

한 세기 동안 고향을 지키며 오로지 예술을 향한 정진으로 살아온 전혁림 화백의 작품에는 고향 통영의 풍경과 전통이 꿈결처럼 어우러져 있습니다. 색채의 조화와 구성의 견고함은 깊은 감동을 불러일으켜 색채의 마술사로 불렸습니다. 전통과 현대가 공존하며 함께 숨쉬고 있는 세계, 그것이 바로 전혁림 화백의 작품 세계입니다. 돌아가실 때까지 붓을 놓지 않으셨던 화백님은 이제 우리 곁을 떠났습니다. 화백님께서 늘 오르내리시며 작품 활동하셨던 미술관 앞 봉수골 느티나무 동산에 화백님의 화비 하나 건립하고자 합니다. 시민의 정성으로 건립한 화비 하나로 통영시의 예술적 품격이 더한층 높아지리라 믿습니다. 화비 건립에 동참하고자 희망하시는 분은 아래 계좌로 후원금을 송금해 주시면 고맙겠습니다.

─2010. 7. 통영시 봉평동주민자치위원장 이부우

    오늘, 찬란한 샛푸른 오월에
    여기 미륵산 자락 봉평동 당산나무 그늘 아래
    님의 얼굴 같은 조촐한 화비 하나 세웁니다.
    살아서는 한국의 미술사를 새롭게 쓰신 님이시여!
    돌아가시어 미술계의 북두칠성이 되신 님이시여!
    님께서는
    아무나 가지 않았던 길,
    아무도 가지 않았던 그 길의 뒤안길을
    스스로 허물어 가면서
    세상과 타협 없이
    그 누구의 구속도 없이,

외롭게 묵묵히 걸어가신
설산의 눈꽃과 같았던 정정한 님이시여!
님의 그림 속에서
신라적 미륵반가사유상이 들앉아 있고
고구려 강서고분의 청룡 백호 주작 현무가 춤을 추고 있으며
안견의 "몽유도원도'와
추사 김정희 '세한도'가
코발트블루의 색감으로 되살아나 있습니다.

또한 님 아니고서는
아무도 흉내 내지 못할
오방색 민화적 풍정이야말로
치명적인 유혹이 아닐 수 없습니다.
님이시여!
여기 님의 뜨거운 숨결이 영원히 살아있는
봉평동 당산나무 그 그늘 아래에
우리들 정성을 모아
님을 그리는 화비 하나 겸손하게 세우나니,
오오, 님이시여!
이제 이곳은
님의 화비 하나로 하여
한국화단의 제1번지가 될 것입니다.

─ 정해룡 〈님의 화비를 세우면서〉 전문

part 02

〈김약국의 딸들〉 표석
— 육필원고를 받기 위해 원주로

김춘수유품전시관
— 유품 인수에서부터 전시관 건립까지

윤이상기념관(공원)
— 노후 불량주택지가 시민공원으로

박경리기념관
— 국비로 건립한 첫 작품

김용식·김용익기념관
— 김수환 목사의 헌신으로 이루어진 작은 기념관

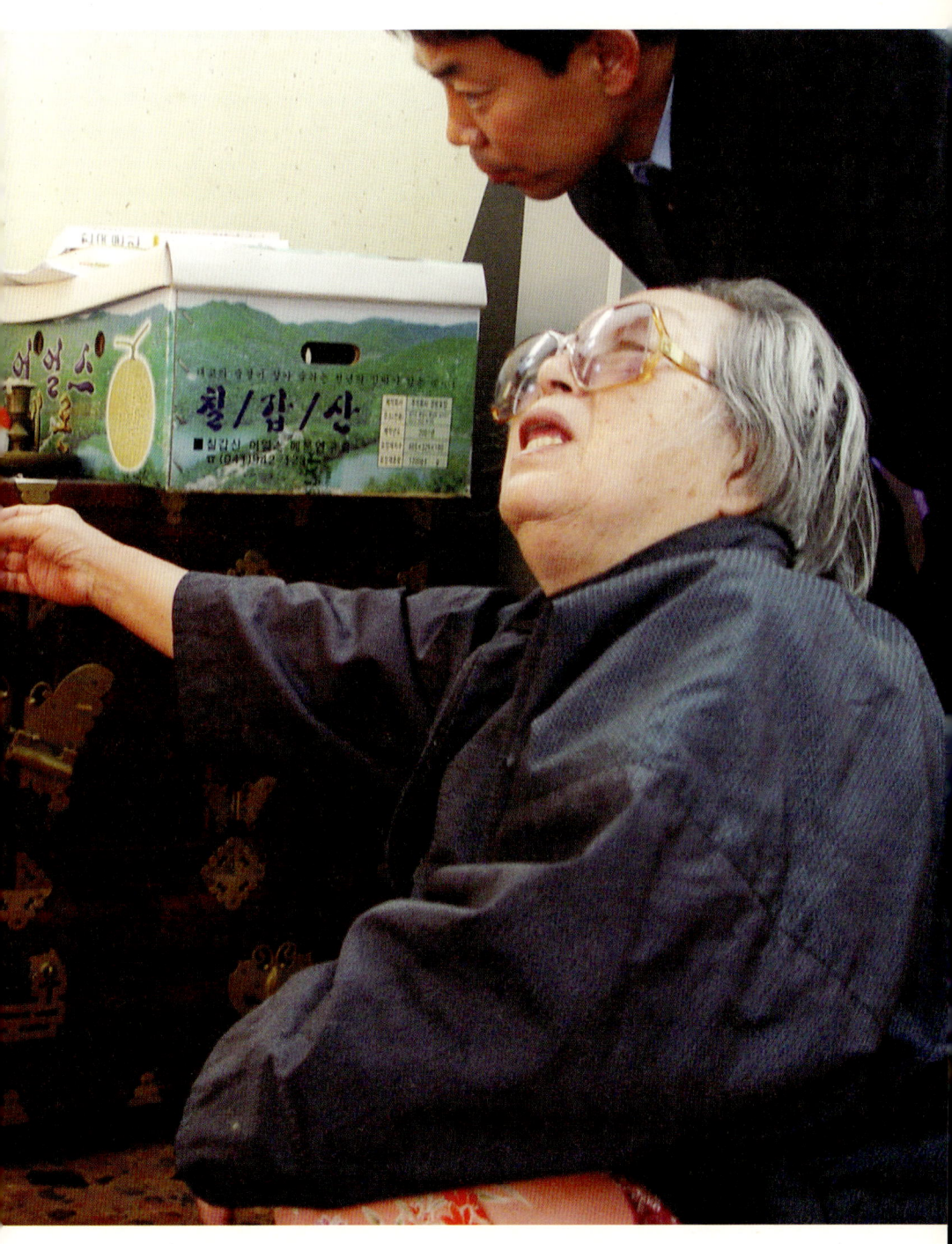

part 02 〈김약국의 딸들〉 표석

―육필원고를 받기 위해 원주로

2005년 2월 3일, 당시 통영문인협회 사무국장 일을 맡고 있던 시절, 유태수(통영예총 회장), 장창석(통영예총 부회장), 김명선(통영시 문화예술과 담당직원)과 함께 원주의 박경리 선생을 방문하였다. 나는 이미 세 번의 만남이 있었던 터라 선생님과는 구면이었다. 원주의 2월 날씨는 살을 엘 정도로 추웠지만 반갑게 우리 일행을 맞아주신 선생님 덕택으로 추위는 한순간 봄눈 녹듯 가시었다.

오랜만에 찾은 통영 사람들에게 고향 냄새가 난다며 그렇게 좋아할 수가 없었다. 우리를 안방까지 들어오게 하여 갖가지 물건을 보여주며 아이처럼 좋아하셨다. 우리는 두 가지 임무를 띠고 원주로 달려갔다. 하나는 한산대첩기념사업회 이사 승낙서를 받는 일이었고 또 하나는 소설《김약국의 딸들》중 현존하는 지명이 들어간 내용 일부의 육필 원고를 받기 위해서였다. 승낙서는 그 자리에서 바로 친필 서명을 하고 도장까지 찍어 주었다. 친필원고는 시간을 달라며 열일을 제쳐두고 써 보내 주겠다고 약속했다. 얼마 되지 않아

원고가 도착했고 이를 책을 쌓아둔 모양으로 디자인하여 세웠다. 표석 육필 원고는 아래 내용을 참고하기 바란다. 우리는 미리 선생님께 여쭐 이야기를 정리해 갔다. 당시 대화 내용을 가감 없이 소개한다.

Q 죄송합니다만, 선생님의 출생지는 어디인지요?

A 나의 아버지와 어머니는 옛 통영경찰서(지금의 충무데파트) 자리에 살았는데, 어머니가 산기産氣가 있어 서문 안에 있던 외가인 새집(새로 지어서 새집이라고 불렀는지는 알 수 없음)에서 나를 낳았다. 이후 포교당 못샘 근처와 간창골에서 줄곧 살았다. 나의 아버지는 열네 살, 어머니는 열여덟 살에 결혼해 어머니 나이 스무두 살

에 나를 낳았다. 외가, 친가 할 것 없이 우여곡절이 많았다. 때가 되고 건강해지면 태어난 배경 등 가족사에 대해 기록하겠다. 《김약국의 딸들》도 외가外家 이야기다.

Q 엊그제 고향 다녀간 소감은 어떠신지요?

A 고향 통영은 어머니의 태와 같은 곳이다. 죽을 때는 고향으로 간다. 통영은 음식, 기후, 역사, 기질 등 너무 독특하고 특별한 곳이다. 자존심 하나로 살아가는 사람들이 통영사람들이다. 통영처럼 예술가가 많이 배출된 곳이 없다. 모종을 부어 놓은 것처럼 많다. 모두가 놀라고 부러워한다. 그 다음이 박목월, 김동리 등을 배출한 경주다. 진주, 통영은 토지의 바탕이다. 통영을 사랑하는 사람들이 의외로 많다. 통영을 사랑하는 외지인들의 이야기를 모으면 근사한 작품이 될 것이다.

프랑스에 있는 밀레기념관은 아주 초라한데도 세계에서 수많은 관광객들이 몰려온다. 이 마을은 음식, 그림, 골동품 등을 팔아서 먹고산다. 이들은 밀레 한 사람을 팔아 먹고산다. 이런 생가나 기념관은 자연에 가까우면서 그가 산 흔적이 고스란히 남아 있어야 한다.

통영은 충무공 이순신을 부각시켜 먹고 살아야 한다. 통영은 이순신의 위대한 혼을 세계에 알리는 쪽으로 접근해야 한다. 이순신은 패권주의자가 아니고 전쟁을 막은 장수다. 세계적인 인물로 집중 연구할 가치가 있다. 군사 전문가들이 모두 통영에 와서 이순신을 연구해야 한다. 이순신의 전략전술을 연구하기 전에 그의 인간정신을 연구해야 한다. 시민들이 한 덩어리가 되어 통영의 위상과 품격을 더 높이고 모티브를 만들어 출향인들을 불러들여야 한다.

나는 건축에 아주 흥미가 있다. 녹지대를 더 만들고 아파트도 그만 지었으면 좋겠다. 죽림에서 바다를 보면 숨통이 틔었는데 아쉽다. 물도 들어갔다 나왔다 해야 한다. 도시에 공간이 없다. 공간은 무언가 기다리는 것이다. 통영 경제가 아무리 어려워도 여기서 주저앉으면 안 된다. 토박이들끼리 북적거려 보았자 그게 그것이다. 외부 사람들이 왔다 가야 통영이 부자가 된다. 외지인들이 와서 돈을 뿌리고 가도록 해야 한다. 산양면은 자연을 많이 보존하고 있어 다행이다. 옛 부두도 복원해서 어장배도 두면 좋겠다. 지금도 그렇지만 미수동 쪽에서 바라본 한실(지금의 인평동)은 참 아름다웠다.

해방 이후 서울에 살 때인데 '통영소반 사세요'라는 소반장수의 고함 소리를 듣고 얼마나 반갑고 자랑스러웠는지 모른다. 서울에서도 '통영소반'이라고 하면 잘 팔렸다. '통영갓'은 이 세상 어디에도 없다. 드라마를 보면 벙거지 갓을 쓰는데 참 볼품없다. 통영갓을 쓰면 얼마나 좋을까하고 생각해 본다. 옛날에는 통영 사람들의 눈이 높았는데 지금은 아닌 것 같다. 시민들이 아름다움을 알아야 한다. 당장 군불 솥에 넣을 장작도 아름답게 쌓는 것이 통영 사람들이다. 할머니 상喪 때 본 모삼 등 의식이 너무 아름다웠다. 《김약국의 딸들》에 나오는 중구는 나의 먼 친척 할아버지가 모델이고 그 할아버지는 소목장 일을 하였다. 당시 양반이 할 수 있었던 일은 소목장 일과 제모(갓) 만드는 일, 농사짓는 일이었다. 할아버지가 만드는 것은 모두 예술품이었다. 이런 것들을 보고 나도 안목이 높아졌다. 자개장보다 소목장을 더 알아주었다.

Q 원주는 어떤 곳이라고 생각하십니까?
A 지금에야 문화에 대해 조금 아는 것 같지만 작가 의식과는 달리 가고 있다. 원주는 군사도시다. 손자 때문에 이곳으로 왔고 20여

년 만에 많이 변했다. 공무원들이 문화에 대해서 너무 모른다. 어떻게 해야 할지 모르더라. 문학정신으로 작가를 보아야 한다. 이 토지문화관은 나와 관계없다. 토지공사의 토지문화관이다. 나의 집을 헌 대신 이 문화관을 지었다. 나의 권한도 없을 뿐 아니라 이는 기념관이 아니다. 이제 원주에서 신경 쓰고 있다. 별것 아니지만 내가 가지고 있는 자료들 중 주된 것은 통영에 많이 줄 것이다. 《김약국의 딸들》 원고를 태워 없앤 것이 아쉽다. 본래의 모습을 보존해야 하는데 단구동의 내가 살던 집도 너무 근사하게 치장을 했다. 있는 그대로 돈 안 들이고 보존해야 하는데 속상하다.(안방에 고이 간직한 세 가지 물건을 우리에게 보여 주면서) 언젠가 할머니 집에 불이 났는

데 아버지가 불난 집에서 유일하게 가져 나온 것이 할머니의 장롱(소목장)이었는데 아버지가 나에게 물려 주었고, 내가 서울로 가져가 지금까지 보관하고 있다. 이는 나의 삶의 근본이라 여기며 영원히 간직할 것이다. 해방되던 해 구입한 재봉틀도 가지고 있는데 이는 나의 생활이다. 마지막으로 걸레같이 변한 사전은 나의 글(문학)이다.

토지문화관 김영주 관장은 "어머니께서 이렇게 말씀을 많이 하지 않는데 고향 사람들만 만나면 이야기가 끝이 없다. 어머니는 정말 고향을 사랑한다."며 어머니를 말리셨다. 결국 세 가지 물건은 통영으로 오지 못했지만, 그렇다고 크게 섭섭해 할 필요도 없다. 선생의 영혼과 육신이 모든 다 이곳 통영에 있기 때문이다.

갯문가

 통현에서 남문을 지나면 고깃배, 장배가 밀려오는 갯문가. 둥그스름한 항만이다. 항만 앞주 오른편이 동충이며 왼편이 남망산이다. 이 두 끄트머리가 슬며시 다가서서 항만을 감싸 주며 드나드는 배를 지켜보고 있었다. 항구에 서면, 어떻게 솔씨가 떨어졌는지 소나무 한두그루가 우뚝 서 있는 장난감같은 공주섬이 보이고 그 너머 한산섬이 있다.

朴景利
(20×10)

명정골 우물

 충렬사에 이르는 길 양편에는 아름드리 동백나무가 줄을 지어 서 있고 아지랭이가 감도는 봄날 핏빛같은 꽃을 피운다. 그 길 옆변에 명정골 우물이 부부처럼 두개가 나란히 있었다. 음력이월 풍신제를 올릴 무렵이면 고을 안의 젊은 각시, 처녀들이 정화수를 길어 내느라 밤이 지새도록 치분 내음을 풍기며 들실거린다.

朴景利
(20×10)

간창골

 동헌에서 서쪽으로 나가면 안뒤산 기슭으로부터 그 아래 일대는 간창골이란 마을이다. 간창골 건너편에는 한량들이 노는 활터가 있고 이쪽 풍신제를 올리는 뚝지가 있다. 그러니까 안뒤산과 뚝지 사이의 계곡이 간창골인 셈이다. 뒷당산 우거진 대숲 언에 충무공을 모신 사당 충렬사가 자리잡고 있다. 이 일대는 이 고을 성지라 할 만한 지역이다.

朴景利

판데

 피리 부는 것 같은 샛바람 소리
 들으며 바지락 파다가
 저무는 서천 바라보던 판데목 갯벌
 아이들 다 돌아가고
 빈 도시락 달각거리는
 책보 허리에 매고 뛰던 밤참길
 세상은 진작부터 외롭고 쓸쓸하였어

朴景利

새터

　새터(산을 무너뜨려 바다를 메꾸어서 물려낸 장소)의 아침은 언제나 활기가 왕성한 곳이다. 무더기로 쏟아 놓은 갓 잡은 생선이 파닥거리는 것처럼 싱싱하고 향기롭다. 숱 속의 욕이 넘치는 규환(叫喚) 속에 옥색 안개 어린 아침, 휴식을 거친 신선한 얼굴들이 흘러간다. 삼면 바다에서는 기관선으로부터 똥구멍이(곤도라 비슷한 한두 사람이 타는 적

朴景利　　　　　　　　　　(20×10)

은 배)까지 해초, 생선을 실은 어분들이 바다의 새벽을 뚫는다.

朴景利　　　　　　　　　　(20×10)

서울고개

"가자, 죽으나 사나 가앗제." 한실댁은 고를 풀고 명령한 소리로 말하며 마당으로 내려와 용란의 손을 잡았다. 어두운 골목을 빠져나와 그들은 서울고개를 넘는다. 물 갚는 취녀, 7시들로 밤길은 어수선하였다. 용란이 친정으로 올때마다 이 고개를 울먹울먹 넘어가는 한실댁은 앞지기만 걸았다. 대밭 옆을 지났다. 인경은 끝어졌다.

朴景利   (20×10)

북문안

분순이를 업에 우리 장모와 사위는 어두운 길을 터벅터벅 밟고 있었다. 기두의 입에서는 술냄새가 풍겼다. 세병관 앞을 지나 재판소와 초교당 길 사이의 좁은 골목을 빠져서 북문안으로 들어섰다. 그들은 북문고개를 넘어 두시 산비탈로 올라갔다. 초가집에 두닥다닥 붙어 있어 좁은 비탈길을 창문에서 새어 나온 희미한 불빛이 비쳐준다.

朴景利   (20×10)

part 02 | 김춘수 유품 전시관

— 유품 인수에서부터 전시관 건립까지

통영시 동호동 61번지. 이곳은 대여 김춘수 선생이 1922년 태어나 유년시절까지 자란 곳이다. 지금이야 끊임없이 매립하여 흔적도 없어졌지만 당시만 해도 그곳은 '항북목'이라 하여 남망산을 사이에 두고 강구안 바다와 연결된 잘록한 목이었다. 눈만 뜨면 파도가 철썩이는 갯문가였다.

시인 김춘수는 코앞에 있는 아름다운 남망산을 오르내리며 시심을 키웠으리라는 것은 충분히 짐작하고 남는 일이다. 집은 선생이 떠난 이후 개인이 취득한 사유 재산이다. 김춘수의 선대는 천석꾼이라고 할 정도로 부유한 가정이었다. 그가 나고 자란 옛집을 보면 금방 알 수 있다. 여러 번 주인이 바뀌고 수리를 거듭함으로써 본래의 모습은 찾아보기 힘들지만 그래도 흔적은 뚜렷이 남아 있다.

배고픈 시절 행정에서 어느 누가 시인의 문학적 업적은 물론이거니와 그의 생가 복원에 대해 관심을 가졌을 것인가. 문화는 배부른 사람들의 사치라 생각했던 시절 어쩜 당연한 생각이었는지도 모른다. 1995년 충무시와 통영군이 통합되고 민선자치시대가 열리면서 많은 단체장들이 문화에 눈을 뜨기 시작했다.

김춘수 선생이 2000년 제1회 청마문학상을 수상하면서 그동안 소원했던 통영시를 자주 방문하는가 하면 통영시에서도 시인에 대해 막 관심을 갖는가 싶더니 2004년 11월 29일 만추의 가을 햇살을 뒤로한 채 시인은 홀연히 세상을 떠났다.

당시 성남으로 문상을 가지 못한 시민들을 위해 통영문인협회 주관으로 시민문화회관 내 남망갤러리에 조촐하게 빈소를 마련하고 문상객을 맞았던 인연으로 시인의 추모 사업에 관심을 갖게 되었다. 우리 시에서도 차후 김춘수의 생가를 구입하여 김춘수기념관을 건립하려는 계획을 세우고 여러 가지 행정 절차를 수행한 끝에 수

차례 건물주와 매각에 따른 협의를 거쳤지만 가격 차이로 성사되지 못하고 표류하고 있었던 터였다.

　시인이 돌아가자 그의 유품을 인수하는 조건으로 뜬금없이 남해군에서 유족들에게 '김춘수기념관'을 건립해 주겠다는 제안을 했다는 이야기가 통영바닥에 나돌았다. 온 시민들의 이름으로 〈꽃〉 시비를 건립하고 통영시에서 생가를 구입하겠다고 백방으로 노력하고 있는데, 아무 연고도 없는 남해군에서 김춘수기념관을 건립한다는 것은 어불성설이었다.

　그러던 중 어느 날 3남 김용삼이 통영을 방문하였다. 당시 예총 회장이던 정해룡, 문협 회장이던 강기재 등과 함께 시내 모 음식점에서 만남을 가졌다. 시인의 유품이 통영으로 와야 한다는 당위성에 대해서 설명하고 시인의 문학적 업적을 기리는 일에도 소홀히 하지 않겠으니 유품 인수, 생가 복원 등에 적극 협조해 줄 것을 요청하였다.

　2007년 11월 29일 선생의 3주기를 맞아 〈꽃〉 시비 제막식을 한 달여 앞둔 같은 해 10월 30일 성남시 분당구에 있는 시인의 3남 김용삼과 장녀 김영희를 만나기 위해 급히 출장을 가지 않으면 안 되었다. 시인의 유품이 여러 가족에게로 흩어져 있을 뿐만 아니라 세월이 흐를수록 이를 관리하는데 상당한 문제가 있는 것으로 파악됨에 따라 유품 인수를 서두르지 않을 수 없었다.

　우여곡절 끝에 성남의 김용삼 아파트에서 만나기로 약속하고 출장을 나섰다. 아니나 다를까? 유족들은 아버지에 대해 별 관심이 없는 통영시보다는 특별히 대접을 해 주겠다는 남해군의 제안에 솔깃해 있었다. 장장 1시간 동안 통영의 문화정책을 비롯하여 시인의 기념관이 통영으로 와야 되는 이유에 대해 재차 설득하였다. 마침 온

대한민국 국민의 애송시로 널리 알려진 〈꽃〉 시비를 세우기 위해 시민문화운동이 전개되고 있고 오래지 않아 통영시에서 김춘수기념관 건립 계획도 있다는 설명을 드리자 시인의 유품을 통영으로 주겠다고 약속하기 이르렀다.

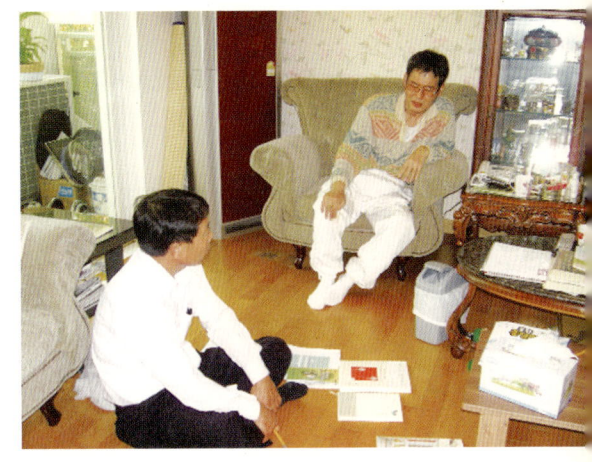

1차 면담이 있었던 약 한 달 만인 같은 해 11월 13일 장녀 김영희와 3남 김용삼 댁에서 침대, 소파, 책장 등 4톤 트럭 1대분의 유품을 인수 받아 통영으로 내려왔다. 시인의 생가를 구입하여 기념관으로 조성하기까지 봉평동에 자리 잡은 구 한려해상국립공원 동부사무소로 사용하던 시유지 건물을 임시 유품전시관으로 사용하도록 내부적으로 결정한 상태였다.

당초 2007년 11월 29일 3주기 추모제와 〈꽃〉 시비 제막식, 전시관 개관식을 함께 개최하려고 하였으나 건물 사용문제, 전시장 시설 등의 문제로 결국 이듬해 3월 28일 개관식을 가졌다. 임시로 4층 건물을 전시관으로 사용하다가 나중에 1·2층을 다시 리모델링하여 현재에 이른다.

유품전시관 내부는 시인의 유품 전시실과 책장, 유품 저장실, 김춘수 방, 사무실 등으로 꾸며져 관람객들이 쉽게 볼 수 있도록 해 놓았다. 어찌된 일인지 통영의 문인들은 한결같이 돌아간 선배 문인들의 추모사업에 인색하기 그지없었다. 작년에 있었던 〈꽃〉 시비 건립을 비롯하여 청마 유치환 선생의 추모제 또한 통영문인협회가 주관하는 것에 난색을 표명함에 따라 이를 모두 순수 민간단체인 '꽃과 의미를 그리는 사람들'에서 개최하게 되었다.

지금 생각해보아도 통영문인들의 생각을 이해할 수 없는 일이다. 아무튼 유족과 약속한 대로 이 전시관 또한 김춘수기념관으로 새로 태어나길 기대한다. 말 그대로 이곳은 시인과는 아무 관련이 없는 임시 유품전시관일 뿐이다. 앞으로 시인이 나고 자란 옛집을 구입하여 기념관으로 꾸미겠다는 약속은 유효하다. 지금도 유족들은 통영시가 아버지의 생가를 구입하여 기념관으로 조성해 줄 것을 요구하고 있다. 건물주 또한 마음이 바뀌어 통영시에 매각할 의사가 있다하니 이 약속이 오래지 않아 이루어지리라 믿는다.

part 02 | 윤이상 기념관 (공원)

— 노후 불량주택지가 시민공원으로

2010년 3월 19일, 한참 봄이 무르익어가고 있을 때 통영에는 또 하나의 문화명소가 탄생하고 있었다. 이는 다름 아닌 통영국제음악제 개막에 맞춰 도천동 148번지 윤이상 선생의 생가 주변에서 윤이상기념관 개관식이 열렸다. 이 자리에는 1,000여 명의 시민이 참석했으며 1시간 동안 진행됐다.

개막식에서 통영시장은 "윤이상 선생은 멀리 독일에 살고 있으면서도 늘 고향 통영을 그리워했다. 살아서 돌아오지 못한 것이 못내 아쉽다. 윤이상 선생의 유품을 기증해준 윤정과 가족에게 감사드린다. 오늘 이 준공식은 윤이상 선생의 고향에 대한 사무친 그리움에 비하면 보잘것없는 것일 수도 있겠으나, 통영국제음악제와 윤이상 콩쿠르의 성공적 개최로 통영이 우리나라 대표적인 음악도시로 성장하는 과정에서 선생님께 빚진 마음을 조금이나마 갚을 수 있는 계기가 될 것이다. 또 2012년 완공을 목표로 하고 있는 통영국제음악당과 함께 우리 통영의 문화 인프라 구축에 중요한 역할을 할 것이다."며 인사했다.

윤이상 선생 딸 윤정은 "나는 오늘 아버지와 함께 이곳에 왔다. 아버지 기념사업에 협조해준 시민과 북한에 있던 아버지 흉상 반입에 노력해 준 이군현 국회의원에게 감사드린다. 아버지는 독일에서 침대 위에 고향 통영사진을 걸어놓고 늘 고향을 그리워했다. 앞으로 이웃과 더불어 시민의 한 사람으로 통영에서 살겠다."고 밝혀 시민들의 박수를 받았다. 또 윤정은 서울에서 내려온 고모(윤이상 막내 누이동생, 윤동화)를 무대 위에 올려 인사를 시켰다. 마이크를 잡은 윤동화는 오빠의 살아생전 생활상을 이야기하며 눈시울을 적셨다.

개관식은 정일근 시인의 〈이 집에 윤이상 선생이 살고 있다〉 자작 축시 낭송, 첼로 공연, 통영 시립 소년소녀합창단의 윤이상 곡 〈낙동강〉 합창과 팀프앙상블의 '엄마야 누나야' 공연, 기념식수, 동상 제막, 테이프 커팅으로 이어졌다.

이곳 윤이상기념관(공원)은 부지면적 6,437㎡, 건축면적 794㎡(1층 440㎡, 2층 354㎡)에 주요 시설로는 기념관, 메모리 홀, 윤이상 선생 유품 전시실, 경사광장, 연못, 주차장, 공연을 할 수 있는 객석과 공연장 등의 시설을 갖추고 있다.

공원 한켠에는 조각가 심문섭의 작품 윤이상의 전신상全身像이 있다. 죽을 때까지 꿈속에서도 그리던 고향 땅, 일본에 왔을 때 통영을 보기 위해 현해탄까지 왔다가 되돌아간 그 고향의 옛집에 서성거리고 있을 한때의 모습을 새긴 듯 아주 인상적이다. 전신상은 마치 살아있는 듯이 자신을 찾아 공원을 방문한 이들을 반갑게 맞아준다. 사려 깊고 융숭하고 따뜻한 마음을 가진 윤이상의 생전 모습 그대로다.

2층 전시실에는 북한에서 온 윤이상의 흉상이 어렵사리 전시돼

있다. 평양 윤이상 음악연구소가 소장한 흉상을 윤이상평화재단에서 북한 만수대 창작사에 의뢰해 제작한 복제품으로 크기는 가로 54㎝, 세로 49㎝, 높이 83㎝이며 85㎏의 동銅으로 견고하고 육중하게 만든 것이다.

 북한 측으로부터 흉상을 기증받아 2009년 6월 4일 인천항까지 운반했으나 흉상 도착 직전 북한의 핵실험으로 인해 정부가 반입을 보류하는 바람에 흉상은 인천세관 보세창고에 장기간 보관돼 있었

다. 통영예총(회장 정해룡)이 정부에 탄원서를 내는 등 갖은 노력으로 윤이상기념관 개관에 맞추어 정부의 반출 승인을 받은 것이다.

윤이상기념관(공원) 조성사업은 2003년 9월 타당성 조사 용역을 시행한 이후 2010년 3월 준공 시까지 약 7년에 걸쳐 121억 원의 사업비를 투입하여 완성한 장기 대형 문화프로젝트였다. 원래 이곳은 각종 목공소를 비롯하여 노후 건물이 밀집하여 도시경관이 좋지 않은 개발 낙후 지역이었다. 더더욱 기계의 발달로 수작업에 의존하던 목공소가 차츰 문을 닫음으로써 이 지역은 도심 내 방치된 보잘 것없는 땅으로 전락하고 말았다.

2007년 10월 22일 문화예술계장 보직을 받으면서 이 업무를 맡았다. 타당성 용역을 실시한 지 4년이 지난 당시까지 1차 부지 확보 분에 대한 보상협의는 끝났지만 2차 부지 보상은 난항을 겪고 있었고 아직 공사 발주조차 못하고 있었다. 당초 계획했던 부지보다 훨씬 더 많은 부지를 확보하는 쪽으로 계획이 변경됨으로써 예산 확보는 물론, 가격 차이로 인해 보상 협의가 지연되고 있었다. 업무를 인계받자마자 보상 협의에 나섰다. 보상 협의를 하지 못한 여남은 가구의 주민들은 서로 담합하여 보상협의를 거부하고 있었다. 마침 터줏대감 격인 할머니 한 분이 내가 잘 아는 지인과 친·인척이라는 정보를 입수하고 할머니를 설득하기 시작했다. 물론 최종적으로는 큰아들인 당시 세브란스병원 암

센터 이희재 소장이 결정하긴 했지만 할머니는 의외로 쉽게 보상 협의에 응했다. 이 할머니가 보상 협의를 했다는 소문이 돌자 그렇게 완강히 보상을 거부하던 사람들도 모두 보상에 합의함으로써 그렇게 질질 끌던 보상 문제가 일단락되었다. 등기 이전을 비롯하여 세금문제 등 모든 민원을 원스톱으로 해결해 주었더니 오히려 행정에 감사드린다며 선물까지 보내주었다. 이 어찌 공직생활 중 큰 보람이 아니겠는가.

보상 협의가 원만히 이루어지면서 본 사업은 급물살을 타기 시작했다. 실시설계에 이어 공사입찰까지 이루어지고 공사 착공을 앞둔 어느 날 큰 문제가 발생하고 말았다. 건물 하나라도 유명한 건축가가 설계한 작품을 가져야 한다며 J시장께서 한국예술종합학교 민현식 교수가 소장으로 있던 기오헌에 부탁하여 설계를 전면 수정하기에 이르렀다. 우여곡절 끝에 사업은 완공되었지만 예산을 낭비했다며 경상남도 감사 시 수십 명의 담당 공무원들이 징계(훈계)를 받기도 하였다. 그러나 훗날 이 건물은 우수 건축상을 받으며 우리 시의 품격을 더했다.

이어 특별교부세 2억 원, 시비 2억 원 등 4억 원의 사업비로 2010년 12월 공원 내 '윤이상 베를린 하우스'를 준공하였다. 이 집은 사무실과 게스트하우스로 활용하고 있으며 윤이상 선생의 벤츠가 전시되어 있다. 하루빨리 공식 명칭 또한 '윤이상기념관'으로 바뀌길 기대한다.

part 02 박경리 기념관
―국비로 건립한 첫 작품

2007년 어느 날, 박경리문학관 건립에 따른 국비지원을 요청하기 위해 문화관광체육부를 찾았다. L담당사무관은 우리의 이야기를 들어보지도 않고 대번에 "원주에 박경리문학공원이 있는데 왜 통영에다 박경리문학관을 또 지어야 합니까?"라며 쏘아붙인다. 원주의 박경리문학공원과 토지문화관의 건립배경 등을 상세히 설명하고 선생의 고향인 통영에 문학관을 건립해야 하는 당위성에 대해 차근차근 설명하자 조금씩 마음이 바뀌는 것 같았다.

이런 일이 있은 지 한참 후 문학관 건립 부지를 시비로 매입하겠다는 각서까지 제출하는 조건으로 국비보조 사업이 확정되었다. 뒤에 안 사실이지만 담당 사무관은 박경리 선생의 고향을 원주로 착각하고 있었던 모양이다.

당초 문학관 예정부지는 시내에 있는 통영충렬사 밑의 정문집 일대 약 2,000㎡ 의 땅이었다. 이곳은 선생이 태어나고 자랐던 지역일 뿐만 아니라 통영충렬사, 세병관, 정당새미, 하동집 등 《김약국의 딸들》의 무대가 된 지명들이 현존하고 있어 더욱 의미가 있는 곳이었다.

결국 마지막 통영 방문이 되고 말았지만 2007년 12월 선생께서는 문학관 예정 부지를 둘러보고 퍽 흡족해 했었다. "내가 살았을 때는 문학관 건립이나 문학상 제정 등 나를 위한 기념사업을 절대로 해서는 안 된다."던 선생께서 문학관 예정지까지 둘러본 것은

이미 앞날을 예견했는지도 모를 일이다. 그뿐이랴. 가족을 모두 다 대동하고 당신

께서 쓰시던 물건을 바리바리 싸 들고 와서는 "내년 봄에 좀 더 챙겨 올테니 그때까지는 물건을 개봉하지 말라"는 부탁까지 하였다.

 어쨌든 통영에도 박경리문학관이 생긴다니 꿈만 같았다. 공유재산관리계획 승인 절차를 비롯하여 주민설명회, 부지감정, 보상공고 및 협의 등 여러 가지 어려운 절차들이 기다리고 있었지만 정말 신명나는 일이었다. 그런데 뜻밖의 일이 일어나고 말았다. 1차 감정결과를 토대로 보상협의 공문을 수령한 주민들이 담합하여 보상협의를 거부하고 나섰다. 매일같이 개별 면담을 통해 본 사업의 당위성에 대해 설명했지만 막무가내였다. 현 감정가격의 배 이상을 주지 않으면 절대로 보상협의를 할 수 없다며 강하게 버텼다. 동원할 수 있는 모든 사람들을 다 동원해 보았지만 허사였다. 앞이 캄캄했다. 우여곡절 끝에 국비보조사업으로 확정된 문학관건립사업이 잘못하다가는 물거품이 될 판이었다. 차일피일 해는 바뀌고 일의 진척은 없고 참 답답할 노릇이었다.

 그러던 어느 날 선생께서 갑자기 몸이 편치 않아 서울 현대아산병원에 입원했다는 소식이 날아들었다. 봄에 가지고 오겠다던 자료는 어떻게 할 것이며 문학관은 또 어떻게 할 것인지 걱정이 앞섰다. 수많은 사람들의 바람과 기원을 뒤로한 채 한국문학의 거봉 박경리 선생께서는 끝내 일어나지 못하고 2008년 5월 5일 어린이날을 맞아

하늘나라로 가셨다.

　우여곡절 끝에 선생의 유택은 전격 통영으로 결정되었다. 당초 박경리문학관 건립 예정 부지(충렬사 밑) 일부를 장지로 검토해 보았지만 아직 보상이 이루어지지 않은 데다 이곳은 주거지역이라 매장이 불가능한 곳이었다. 통영시가 뒤에 부지 일부를 추가 매입하기는 했지만 장지 일부를 흔쾌히 희사하겠다는 양지농원 정창훈 옹의 결정이 선생을 이곳 통영으로 오게 한 또 다른 계기가 되었다. 이곳은 선생이 마지막 통영 방문 시 주무셨던 통영시 산양읍 신전리 양지펜션이 있는 양지농원의 양지바른 언덕이었다. 이토록 볕바르고 아름다운 곳에 창작실 하나 마련하고 싶다던 곳이 훗날 유택이 될 지는 아무도 몰랐다.

　선생의 운구 행렬은 5월 8일 서울을 출발하여 원주, 진주를 거쳐 통영에 도착했다. 다음날 온 시민들이 지켜보는 가운데 꽃상여에 실려 취타대의 호위를 받으며 미륵산 자락에 그렇게 편히 누우셨다. 좌로는 통영의 객산 미륵산이 우뚝 솟았고 우로는 당포해전 그 격전지를 내려다보고 있는 장군봉이 우람하다. 앞으로는 이충무공께서 조국이 누란의 위기에 처했을 때 거북선을 선봉장으로 학익진을 펼치며 저 청사에 빛나는 한산대첩을 이룩했던 한산도 앞바다가 침묵하고 있다. 이보다 더 평화롭고 좋은 곳이 이 땅 어디에 또 있으랴.

　선생의 서거 소식과 함께 당시 김상영 문화예술과장은 장례위원으로 현대아산병원으로 가고 나는 통영에서의 장례식 실무를 맡았다. 훗날 들은 이야기이지만 역시 통영은 문화예술의 도시답게 한국 문단의 거장 박경리 선생을 모시기에 조금도 부족함이 없었다는 평가를 받았다.

　선생의 장례식이 무사히 끝난 이후 묘소 주변 부지를 더 매입하여 공원으로 꾸미는 작업은 착착 진행되는 반면 문학관 부지문제는 제자리걸음이었다. 보상 문제가 해결되지 않은 데다 장지까지 시 외곽에 조성된 만큼 굳이 번잡한 교통상황과 좁은 주차장 등 문제가 많은 시내에 문학관을 지어야 할 이유가 없었다. 묘소와 문학관이 함께 있다면 유리한 점이 훨씬 더 많은 것은 당연한 일이었다. 지가地價 또한 큰 차이가 있어 시 외곽이라면 같은 돈으로 훨씬 더 넓은 부지를 구입할 수 있는 이점도 있었다.

　물론 한 번 결정된 사안을 변경하는 것은 쉬운 일이 아니지만 먼 미래를 위해서는 꼭 그렇게 해야 한다는 확신이 섰다. 먼저 보상협의의 어려움뿐만 아니라 묘소와 문학관은 함께 있어야 한다며 당시 강근식 지역구 시의원 설득에 나섰고 당시 시장께도 보고하기에 이르렀다. 오랜 고민 끝에 J시장께서도 본 의견에 동의했고 합당한 절차를 밟아 드디어 문학관 부지를 묘소가 있는 양지농원으로 변경하였다. 그러던 중 조직개편에 따라 우리는 2008년 7월 29일 생각지도 못한 인사발령으로 각각 공원녹지과와 기획감사담당관실로 자리를 옮기게 되었지만 이 일에 신경을 쓰지 않을 수 없었다.

　내부적으로 문학관 부지를 양지농원으로 옮기겠다고 결정은 했지만 이 또한 쉽지 않았다. 문학관 부지로 내정한 장소는 양지농원의 모든 부지 중 건축을 할 수 있는 유일한 곳이었다. 장지를 희사했던 정창훈 옹과 그의 아들 정대곤 씨는 훗날을 위해 마지막으로 남겨두었던 금싸라기 땅이라며 보상협의에 선뜻 나서지 않았다. 더더욱 담당계장이 바뀌자 서운한 감정까지 가지며 보상협의는 난항을 겪었다. 이를 더 이상 두고 볼 수 없어 평소 아버지처럼 모시던 정 옹을 직접 찾아 설득에 나섰다. 끈질긴 설득으로 결국 보상협의는 이루어졌고 문학관 건립은 급물살을 타게 되었다. 2009년 7월 1일 약

　1년 만에 다시 문화예술과로 복귀했을 때는 일반 예술행정업무와 문화시설업무가 분리됨으로써 박경리문학관 건립사업은 직접 내가 맡을 수 없어 안타까웠다.

　원주의 박경리문학공원과의 차별화를 꾀하기 위해 명칭을 변경하면 좋겠다는 유족의 뜻을 받들어 '박경리문학관'에서 '박경리기념관'으로 문패를 바꾸었다. 마침 원주 흥업면의 토지문화관에 딸린 선생의 집을 설계했던 건축가 유춘수의 작품이 당선작으로 결정되어 의미를 더했다.

　우여곡절 끝에 박경리기념관은 2010년 5월 5일 선생의 2주기를 맞아 통영시 산양읍 신전리 1426-14번지에 문을 열었다. 문학관 건립 구상을 한 이후 약 3년 만의 일이었다. 기념관은 부지 4,465㎡, 건물 면적 1,023㎡ 2층의 꾸밈없는 소박한 건물이다. 천장이 뚫린 건물 중앙에는 해송 세 그루가 하늘을 찌를 듯 섰다. 기념관으로 들어서면 선생의 마지막 모습과 일대기, 육필원고, 갖가지 유품, 서재,《김약국의 딸들》무대, 영상실 등으로 꾸며져 있다. 늘 본인의 생활이라며 아끼던 재봉틀과 자신의 문학이라며 곁에 두고 보던 국어사전, 그리고 본인의 예술이라며 친정아버지로부터 물려받아 귀

히 보관하던 장롱 등 당신께서 가장 소중히 여기며 통영으로 주겠다던 세 가지 보물이 이곳으로 오지 못해 가슴 아프지만 언젠가는 그 보물들도 통영으로 오고 말 것이라 믿는다.

기념관 앞에 넓게 펼쳐진 정원의 《토지》, 《김약국의 딸들》 문장비를 찬찬히 감상하고 나무계단을 타고 약 5분만 더 올라가면 선생의 유택이다. 평소 성품대로 그 흔한 묘비명 하나 없이 달랑 상석 한 기가 놓여있을 뿐이다. 옆으로는 수십 그루의 감나무가 꾸밈없는 봉분을 감싸고 있다. 반풍수가 보아도 명당이다. 온 세상을 주유하다가 선생께서 왜 마지막으로 이곳에 와서 편히 누웠는지 알 수 있을 것이다. 제 땅 아깝지 않은 사람이 어디 있으련만, 흔쾌히 장지를 희사해 주고 기념관까지 조성할 수 있도록 배려해 준 정창훈 옹께 감사드리지 않을 수 없다.

선생은 "고향이란 인간사와 풍물과 산천, 삶의 모든 것의 추억이 묻혀있는 곳이다. 고향은 내 인생의 모든 자산이며 30여 년간 내 문학의 지주요, 원천이었다."고 술회했다. 세계의 모든 명작의 무대는 바로 고향이었다. 이제 선생은 가고 없지만 고향 통영은 전국 제일의 문학기행 성지가 되었으니 이게 어찌 우연이라고만 할 것인가?

2002년 9월 7일 통영시공무원문학회 주관 원주 문학기행 시 토지문화관 세미나실에서 선생님을 뵌 것을 비롯하여 2004년 8월 4. 토지문화관에 있었던 마산 MBC창사 35주년 기념특집 《토지》완간 10주년 특별 대담 '작가 박경리'의 방청객으로 참여했다. 2004년 11월 4일 시민문화회관에서 있었던 50여 년 만의 통영방문 소감을 밝히던 자리에도 있었고 2005년 2월 3일 《김약국의 딸들》 표석 원고를 받기 위해 원주의 선생님 댁을 방문하였다. 2007년 12월 7일 81회 생신을 맞아 통영을 방문하신 선생님과 함께 '박경리문학관' 건립부지를 돌아본 것이 마지막이었다.

아래 글은 의회로부터 예산승인을 받기 위해 2007년 10월, 박경리 선생이 돌아가시기 전 김용우 의장에게 보낸 '박경리문학관 건립은 통영의 최고 브랜드'라는 제목의 편지이다.

> 존경하는 김용우 의장님을 비롯한 의원 여러분!
> 박경리 선생은 통영이 낳은 세계적인 소설가입니다.
> 특히 《김약국의 딸들》은 그 소설의 무대가 통영으로 문학을 사랑하는 사람들의 기행코스로 각광받고 있습니다.
> 2004년 11월, 50여 년 만의 고향 통영 방문은 온 국민의 관심사였습니다. 온 신문과 방송사가 빅뉴스로 다룬 바 있습니다. 마산 MBC는 2005년 '흙과 생명의 작가 박경리 선생님과의 대담'이라는 프로 하나로 방송사가 그토록 받고 싶어 하는 방송대상과 아울러 엄청난 개런티 수입도 올린 바 있습니다.
> 강원도 원주시는 박경리 선생님 이름 하나로 군사도시 이미지를 벗고 문화의 도시가 되었으며, 하동은 허구에 지나지 않은 소설 속의 최참판댁을 복원하여 수많은 관광객을 불러 모으고 있습니다. 많은 사람들이 박경리 선생님의 고향을 하동이나 원주로 착각할 정도입니

다. 박경리 선생님이 기거하시며 《토지》를 완간했던 옛집은 토지문학공원으로 재탄생하였으며, 현재 살고 계시는 토지문화관은 내로라하는 대한민국의 대표 작가들이 찾는 창작공간입니다.

박경리 선생의 토지 완간을 두고 어느 작가는 "중화학공장 10개 짓는 것보다 낫다"고 말씀했듯이 박경리 선생님의 이름 그 자체가 값으로 따질 수 없는 고급 브랜드입니다.

하동과 원주가 박경리 선생님의 상품을 팔려고 온갖 노력을 다하고 있는 것과는 대조적으로 선생님의 고향 통영에는 정작 문학관은 고사하고 선생님의 숨결을 느낄 수 있는 곳이 그렇게 많지 않습니다.

우리 시는 선생님의 노벨문학상을 추천하기 위해 통영예총과 통영문인협회가 공동으로 노력하고 있습니다. 이어령 전 문화부장관과 김성우 고문님도 적극 도와주시겠다고 약속하셨습니다. 건강이 좋지 않은 데다 고령의 연세이므로 지금부터 기념사업을 착실히 준비해야 합니다. 또한 선생님의 육필원고를 비롯한 유품을 우리 시가 선점하기 위해서는 지금 서두르지 않으면 안 됩니다. 간간이 통영에 오셔서 노후도 보내면서 선생님의 문학적 업적과 함께 유품을 전시하는 작지만, 알차고 내실 있는 문학관을 조성하기 위해서는 부지 확보가 그 시발점이 될 것입니다. 문화예술도시를 지향하는 우리가 선생님의 문학관을 건립하는 것은 너무도 당연하다 할 것입니다.

"21세기는 문화의 시대다. 돈은 일확천금으로 벌 수 있어도 문화는 하루아침에 얻어지는 것이 아니다. 각국은 군사적 무장해제를 하면서 문화적 부를 쌓아 갈 때다."라고 선창하신 김성우 선생님의 말씀이 가슴에 와 닿습니다. 존경하는 의원님들께서 잘 판단하셔서 집행부의 이런 고뇌에 찬 결정을 이해해 주시기 바라며, 적극 도와주시리라 믿습니다. 감사합니다.

—2007년 10월 일 김순철 드림

part 02 | 김용식 · 김용익 기념관
— 김수환 목사의 헌신으로 이루어진 작은 기념관

2005년 11월 19일은 한국문학사에 큰 발자취를 남긴 날이었다. 통영 출신 재미 소설가 김용익 선생의 10주기 추모제가 통영문인협회 주관으로 개최되었다. 우리가 학창시절 교과서에서 알퐁스 도데의 〈마지막 수업〉을 배웠듯이 미국과 유럽의 청소년들은 김용익의 〈꽃신〉을 배웠다. 세계적인 소설가이면서도 줄곧 외국에서 생활한 연유로 국내는 물론 통영 사람들조차 소설가 김용익을 잘 알지 못했다. 물론 세계 주요 매체에서 뽑은 가장 아름다운 소설이 〈꽃신〉이라는 것도 모른다. 또 그가 통영 출신으로 통영읍장을 지냈던 김채호의 아들이며 외교관 김용식의 동생이라는 사실도 잘 모르는데 하물며 사후 그가 통영시 용남면 가족 선산에 묻혀 있는 것을 아는 사람은 거의 없었다.

　당시 통영문인협회에서 김용익 선생의 10주기를 맞아 전국 최초로 그의 추모제를 봉행하기로 하였다. 서울의 '돋을새김'이라는 출판사에서 선생의 단편소설 몇 편을 묶어 《꽃신》이라는 책을 출판하여 의미를 더했다. 특히 서울에 사는 둘째 딸 김수영과 사위 정운성 씨, 조카 김수환 목사께도 이 사실을 알렸다. 서울에 거주하는 유족은 행사장에 직접 참여해 주었고 미국의 김수환 목사는 나에게 편지 한 통을 보내왔다.

　가을이 한창 깊어가는 11월 19일 저녁, 지금의 공설운동장 앞 로터리클럽 사무실에서 추모제는 엄숙히 거행되었다. 선생의 약력보고, 자녀 소개, 추모사에 이어 통영문화재단 이사장의 '내가 알고 있는 김용익 선생' 김부기의 〈꽃신〉 낭독, 그리고 김열규 교수의 '김용익 선생의 소설세계'라는 주제로 문학 강연이 이어졌으며 참가한 모든 이에게 대표 소설 《꽃신》도 증정하였다. 여러 언론사에서도 깊은 관심을 가졌고 이후 조금씩 소설가 김용익의 이름이 세상

가을이 한창 깊어가는 11월 19일 저녁,
지금의 공설운동장 앞 로터리클럽 사무실에서 추모제는 엄숙히 거행되었다. 여러 언론사에서도 깊은 관심을 가졌고 이후 조금씩 소설가 김용익의 이름이 세상에 알려지기 시작했다.

에 알려지기 시작했다.

　이러한 연유로 유족들과 더욱 친밀한 관계를 유지하였으며 자주 안부를 묻고 전화까지 하는 사이가 되었다.

　그로부터 몇 년이 지난 2009년 어느 날 이경건 선배로부터 LA에 거주하는 김수환 목사께서 태평동의 김용식·김용익 생가를 통영시에 기증할 의사가 있다는 반가운 소식을 들었다. 즉시 LA의 김수환 목사님께 메일을 보냈다. 10주기 추모제를 준비하면서 이미 면을 튼 터라 일은 일사천리로 진행되었다. 최근 세입자로부터 받은 전세금으로 집수리를 하였으니 이 전세금만 시에서 해결해 주면 아무 조건 없이 생가를 통영시에 기증하겠다는 마지막 편지를 받고 얼마나 기뻤는지 모른다.

　2010년 하반기에 소요 예산을 편성하고 기부채납서 작성, 세입자 문제 해결 등 행정절차를 밟던 중 2011년 1월 1일 인사발령으로 인해 직접 준공을 하지 못했지만 이후 실시설계, 리모델링을 거쳐 2013년 4월 17일 그의 생가터에 '김용식·김용익 기념관'이 문을 열었다. 10주기 추모제를 봉행한지 8년, 두 형제의 사후 18년 만에 이루어진 역사적인 일로 이 어찌 감격스럽지 않겠는가.

　10주기 추모제를 맞아 보내온 김수환 목사의 편지를 소개한다.

● 89

내 삼촌 김용익은 나와 나이가 17년 차로 내가 어렸을 때 조부모님 밑에서 자랐기 때문에 그는 나의 큰형님과도 같았다. 그도 나도 지금 태평동 22번지에서 태어나서 자랐다. 그의 나이 25세 때인 해방과 동시에 그는 미군 통역관으로 또 부산대학에서 영어를 가르쳤고 그의 나이 28세인 1948년도에 미국으로 유학 갔다. 그의 청년기와 장년기는 서로 떠나 있었으나 그가 한국에 있을 때는 수시로 나와 만났고 그 후 그가 다시 미국으로 들어가서 대학에서 영어를 가르칠 때, 내가 미국 보스톤에 유학 가 있는 동안은 종종 그가 살았던 피츠버그를 방문하여 그를 만나 보았고 그 후 내가 로스엔젤스에 사는 동안은 그가 나에게 와서 함께 며칠을 지내기도 했다.

내가 어렸을 때 나의 삼촌에 대한 인상은 언제나 책을 가지고 다니며 읽는 것을 보았다. 동경 유학시절 한국 초기의 문학잡지 《개벽》 등 문학잡지가 집에 많았던 것을 보면 문학에 대한 관심이 컸던 것으로 보이며 해방되던 해 통영에 살던 어느 일본학자로부터 그의 방대한 장서를 넘겨받아 수많은 책으로 우리 집이 작은 도서관이 되었는데 일어책도 많았으나 주로 영어책이었고 그는 항상 영어책을 주로 읽었던 것을 기억하고 있다.

나의 삼촌은 항상 책만 읽고 문학을 꿈꾸는 사람으로 비현실적이고 비사교적인 사람이었다. 나의 조부님 곧 그의 아버지(김채호, 마지막 통영읍장)는 그의 장래를 걱정하여 삼촌이 나이가 차자 문학가는 밥을 굶기 쉬우니 부잣집 며느리를 얻어 밥이나 먹게 하는 것이 최선일 것이라 생각하시어 그때 중매로 거제도 옥포의 큰 어장하는 집 딸에게 장가를 가게 하자 삼촌은 무조건 반대를 하였는데 이유는 단 한 가지, 부잣집이 싫었다는 것이었다. 나는 내가 장성한 후 직접 삼촌에게서 이 이야기를 들었다. 그의 결혼에 대한 꿈은 초가삼간에 살면서 아내와 함께 시를 같이 읽는 생활이었다고 하였다. 이때 삼촌과 나의 조부님 사이에는 결혼문제로 큰 분쟁이 있었는데 결국 삼촌이 이 일로 집을 나가게 되었다. 그 후에 삼촌 얘기를 들으니 그때 2차대전 말기여서 할머니가 준비해준 쌀을 조금 가지고 나갔는데 (그때는 쌀이 참으로 귀한 때였다) 어느 절에 가서 쌀을 조금씩 주고 밥을 얻어 먹었는데 중이 그 쌀을 훔쳐가는 것을 보고 할 수 없이 집으로 돌아와 아버지께 항복하고 결혼을 하였다고 하였다. 그의 나이 23세 때였다. 삼촌은 당시 2차 대전 중이어서 어느 때고 징병으로 끌려갈지도 모르니 여자 맛이나 보고 죽겠다고 자포자기하고 결혼하였다고 나에게 고백하였다. 그가 미국에서 돌아온 이후 결국 결혼은 실패하고 말았다.

나의 삼촌은 보통 사람이 이해하기 어려운 확실히 좀 괴짜였다. 통역관 시절 미군 장교가 어디서 생긴 것인지 큰 수탉 한 마리를 주며 이것을 가지라고 하자 필요 없다고 하니 장교가 필요 없으면 다른 사람 주면 될 것 아니냐고 하자 할 수 없이 닭을 들고 길에 나가서 길 가는 사람보고 이 닭 가져가라고 하니 모두 미친 사람인 줄 알고 피하였는데 마침 지나가는 지게꾼을 만나 이것이 병든 닭이 아니니 가지고 가서 잡아먹으라고 하자 받아 가더라고 하였다. 이 시절 그의 처가인 옥포에 불이 나서 많은 이재민이 생겼는데 미군 당국에 이 사실을 보고하고 원조를 요청하자 미군 담요와 미군 식료품인 레이숀 등 많은 미군 물품을 삼촌에게 가져가라고 주었는데 그 물품 중 단 한 가지도 집에 가지고 온 것이 없었다.

그의 일생은 별로 가진 것도 없었고 교수 월급에 얼마간 출판된 책에서 나온 인쇄비로 비교적 청빈하게 사신 편이었다. 그의 책은 미국과 세계 여러 나라의 문학계에서 인정을 받아 출판되었으나 어느 것 하나도 베스트셀러가 된 것은 없었다. 또 그는 베스트셀러 작품을 혐오하였고 결국 베스트셀러 작품을 쓸 수도 없었고 또 쓸 생각도 하지 않았다.

그가 고려대학에 재직 중 이화여자대학에도 강사로 나갔는데 그의 큰딸이 이화여자대학 입학시험에 떨어지고 말았다. 이화대학은 교수 자녀는 입학에 특전을 주는 경우가 있었다고 한다. 뒤에 이 사실을 안 총장이 김용익 교수를 불러 자기 딸이 이화여자대학에 응시를 했으면 발표 전에 미리 알려주지 않았느냐고 하자 도리어 화를 내며 이 학교는 시험에 떨어진 학생도 교수 딸이면 붙여주는 학교냐고 오히려 총장에게 호통을 치고 나왔다고 하였다. 또 자기 과목을 택한 한 학생이 학기말 페이퍼를 기한 내에 제출하지 못하고 며칠 뒤에 페이퍼를 집으로 가져오자 학생이 보는 앞에서 그 페이퍼를 찢어버리며 학교에서 내지 않고 왜 집으로 가져왔느냐고 야단을 쳐 보냈다고 하였다. 그가 부산대학에서 가르칠 때에는 어느 학생이 시험을 잘 못 치르고는 케이크를 사들고 집으로 왔는데 마침 그가 부재중이어서 케이크와 학생 이름을 남겨 놓았는데 뒤에 이 사실을 알고는 그 학생의 시험지를 찾아 다시 검토를 해 보고는 오히려 점수를 더 깎아버렸다고 하였다. 그의 성정이 항상 이랬다.

그는 남에게 별로 관심이 없었고 자신의 외모에도 별로 관심이 없었다. 그는 평소에 입는 옷도 남에게 오해를 살 만하였다. 그는 피치버그 듀케인 대학에서 가르칠 때 한 번은 구내 경찰이 웬 거지 같은 사람이 학교 안에서 서성거리는 것을 보고는 그를 구내 파출소로 끌고 가서 "무엇 하는 사람이냐?"고 묻자 "내가 이 대학 교수다."라고 하니, 어이가 없었던지 이름을 묻고는 즉시 교무실에 전화로 확인을 하고는 고개를 흔들며 보내 주더라고 하였다. 그 다음 주일 대학신문에 삼촌 기사가 특집으로 나고 그 허름한 모습이 신문표지에 실리고 나서 교내에서 그 경찰을 만났을 때 삼촌을 향해 깍듯이 경례를 부치더라고 하였다. 그는 술도 담배도 안 했고 신문도 티브이도 안 보았다. 그는 한평생 미국에 살면서 운전면허도 없었고 자동차도 없이 언제나 버스만 타고 다녔다. 그는 크레디트 카드 하나도 없었고 시계도 없이 살았다. 내가 "시계가 없이 생활에 불편하시지 않느냐?"고 묻자 "모든 사람이 다 시계를 가지고 다니는데 시간을 물으면 되지 무엇하러 시계를 가질 필요가 있느냐."고 하였다. 그는 가족에 대해서도 거의 무관심한 편이었고 세상일에 대해서도 별로 관심이 없었다.

그의 말년은 쓸쓸하였다. 별세하기 5년 전 협심증과 신경증으로 고생하였고 가까운 가족과도 멀어지고 은퇴한 후 고려대학 초청으로 와서 객원교수로 지내는 중에 병이 나서 1995년 4월 11일 고려대학병원에서 별세하였다. 그의 나이 75세였다. 그의 마지막 순간에는 오늘 이 자리에 참석한 그의 둘째 딸 수영이와 내가 마지막 그의 병상을 지켰다.

―미국에 사는 김용익 선생의 조카 김수환 목사께서 보내 온 편지
〈내가 알고 있는 김용익 선생〉

part 03

통제영과 당포성 복원의 디딤돌
― 통영에서 화성행궁지, 규장각으로 달려간 사연

남망산 국제야외조각공원
― 통영의 문화공간 조성의 불씨가 되다

초정거리
― 항남1번가보다는 초정거리가 좋아

걸어서 떠나는 이야기가 있는
역사문화기행 코스 개발
― 토영 이야~ 길 콘텐츠 무료로 빌려주다

한산대첩과 한산대첩 출정식
― 한산대첩의 교두보 역할은 당포해전

색깔과 이야기가 있는 가는개 마을
― 대한민국에서 가장 특색 있는 쟁이마을로 만들고 싶어

part 03 | 통제영과 당포성 복원의 디딤돌

— 통영에서 화성행궁지, 규장각으로 달려간 사연

 삼도수군통제영은 1592년 한산대첩이 있었던 이듬해 7월 한산도에 진영을 설치하고 충무공 이순신을 초대 통제사로 제수한 것이 그 시초이다. 이후 통제영은 이곳저곳으로 옮겨 다니다가 1604년 제6대 이경준 통제사가 이곳 두룡포로 진영을 옮기고 1605년 세병관을 완공한 이후 차츰 그 위용을 갖추었다.

 세병관은 국보 제305호로 수많은 관아 중 통제영의 제반 의전행사를 치르던 객사客舍이다. 제35대 김응해 통제사가 1646년에 다시 크게 지었으며 제193대 채동건 통제사가 1872년에 다시 고쳐 지었다. 정면 9칸, 측면 5칸, 9량 구조 단층 팔작집으로 경복궁 경회루, 여수 진남관과 더불어 지금까지 남아 있는 조선 시대 건축물 가운데 바닥 면적이 가장 넓은 건물의 하나이다.

삼도수군통제영은 경상·전라·충청 등 3도를 관할하던 해군작전 본부였다. 통영 또한 이를 줄여 명명했다는 것은 다 아는 사실이다. 1895년 통제영이 폐영될 때까지 초대 통제사 이충무공부터(이곳 통제영에서 근무한 통제사는 제6대 이경준 통제사부터임) 208대 홍남주 통제사까지 292년간 왜적을 방비하던 수군의 총본부로서 통제영 문화가 찬란하게 꽃피었던 것이다.

이후 통제영지는 일제강점기를 거치면서 민족문화 말살정책의 일환으로 100여 동의 관아가 모두 훼철되었다. 그래도 일말의 양심은 있었던지 겨우 세병관 건물 1동만 남겨 이를 조선 어린이들의 초등학교 교실로 사용하게 하였다. 훼손한 통제영지에는 창원지방법원 통영지원, 창원지방검찰청 통영지청, 통영세무서 등 권력기관을 비롯한 각급 신식 학교를 건립함으로써 부지불식간에 교묘하게 통제영지를 초토화하기에 이르렀다.

이곳 세병관을 초등학교 교사校舍로 사용하던 시절 통영공립보통학교를 다녔던 박경리 선생이 2004년 첫 통영 방문 시 세병관 기둥을 부여잡고 한없이 운 적이 있었다. "바다를 비롯해서 모든 것이 좁아 보이는데 세병관에 가보니 세병관은 옛날보다 몇 배 더 넓어 보인다. 지금 보니 세병관 건물이 너무 감동적으로 가슴을 조인다. 세병관은 인공적이 아니고 사명감을 갖고 태어났다. 눈에 눈물이 돌았다. 우리에게 세병관은 마음의 의지이자 두려움 그 자체다. 그 완벽성이 놀랍다. 세병관처럼 감동을 받은 적이 없다."며 세병관을

예찬했다.

　1995년 통영군과 충무시가 통합되고 민선 1기 고동주 시장이 취임하면서 가장 역점사업으로 내세웠던 사업이 바로 통제영 복원사업이었다. 이는 역사바로세우기 작업으로 이후 5명의 민선시장을 거치면서 약 600억 원을 투자하여 2000년부터 2013년까지 약 13여 년간의 복원공사 끝에 지난 2013년 8월 14일(음력 7월 8일, 421년 전 한산대첩일과 같음) 낙성식을 가졌다.

　나는 1995년 1월 1일 시군 통합과 동시에 문화공보실 문화계에 발령받았다. 민선 1기 고동주 시장의 공약사업인 통제영과 당포성 복원계획을 수립하기 위해 동분서주했던 기억이 생생하다. 복원 계획을 수립하기 위해서는 맨 먼저 기록을 찾는 일이 급선무였다. 미리 협조 공문을 보내고 서울대학교 안에 있는 규장각으로 가서 서류를

찾기로 했다. 출장 도중 당시 이미 발굴·복원 사업이 한창인 수원의 화성행궁지 현장을 답사하기로 했다. 화성행궁지는 정조가 지방 출장 시 머문 곳으로 우리 시의 통제영처럼 일제강점기를 거치면서 거의 모든 건물이 훼철된 것을 1994년부터 수원시에서 복원에 착수하였다. 전문가들을 만나 이런저런 이야기를 들은 결과 화성행궁지는 당시 도면圖面을 비롯한 거의 모든 자료가 완벽하게 보존되어 있어 복원에 전혀 문제가 없다는 것이었다. 예나 지금이나 기록이 얼마나 중요한지를 깨달았다. 예상한 대로 규장각에는 우리가 원하는 만큼의 기록이 남아 있지 않았다. 당시 여러 가지 정황을 볼 때 한양과 멀리 떨어져 있는 조그마한 군사도시의 기록이 상세히 남아 있을 리 만무하였다. 몇 장의 지도와 그 외 몇 가지 기록을 확인하는 것으로 만족해야 했다.

여하튼 출장 후 결과보고와 함께 수없이 현장을 방문한 이후 통제영과 당포성 복원 장기 계획을 수립하였고 이를 바탕으로 차츰 실행 계획이 수립되고 2000년대부터 본격적인 복원사업이 진행되었다. 권력 기관이던 창원지방법원 통영지원, 창원지방검찰청 통영지청, 통영세무서를 비롯하여 충렬여자중·고등학교와 통영초등학교를 철거하고 이곳에 운주당, 백화당, 12공방, 중영 등을 복원할 것이라 누가 생각했을까? 정말 대단한 프로젝트였다. 물론 관아를 복원할 때마다 자료의 부족으로 문화재위원끼리도 서로 자기의 말이 맞다며 설왕설래하는 바람에 공사가 지연되기도 하였고 수차례 우여곡절을 겪어야 했다.

당포성은 경상남도 기념물 제63호로 1374년(공민왕 23) 왜구의 침략을 막기 위해 최영 장군이 수많은 병사와 주민들을 동원하여 쌓았다고 전한다. 그 후 이 성을 활용, 왜구의 침략을 효과적으로 방어할 수 있었다. 임진왜란이 일어난 그해(1592년) 왜적에게 당포성이 점령당했으나 6월 2일 이충무공이 다시 탈환하였는데 이것이 당포승첩이다.

여말 선초의 산성에서 흔히 볼 수 있는 석축진성의 전형으로 당포마을 야산의 봉우리와 구릉의 경사면을 이용하여 남향으로 쌓은 포곡형으로 길이는 992m이다. 남쪽 해안에 정문을 두고 산 쪽으로 동문과 서문을 두었으며 문에는 옹성을 쌓았다. 동문과 서문의 좌우에 각각 1개의 치가 있고 남벽에 4개의 치를 두어 모두 8개의 치가 있으며 지금 남아 있는 석축은 최고 높이 2.7m, 폭 4.5m이며 남쪽 일부의 석축이 무너진 것을 제외하고 동서북쪽 망루의 터는 양호한 상태로 남아 있다. 정문의 터에는 옹성이 있었는데 그 형태도 대체로 잘 보존되어 있다. 1995년 이후 복원의 기틀을 놓아 현재까지도 복원 중에 있다.

1995. 1. 1. 문화공보실, 1996. 2. 23. 문화공보담당관, 1997. 7. 1. 문화관광과, 2005. 4. 22. 문화체육과, 2007. 4. 16. 문화예술과, 2008. 7. 29. 문화예술관광과, 2009. 7. 1. 문화예술과 등 수차례 문패를 바꾸어 달았고 과장이나 담당자가 셀 수 없을 정도로 바뀌어도 통제영과 당포성 복원 프로젝트는 단 한 번도 멈춤 없이 지속적으로 추진되었다.

이제 우리는 이 통제영을 비롯한 당포성 등 문화유적 복원을 계기로 다시는 나라를 잃는 일이 없도록 국방을 튼튼히 해야 함은 물론 문화로 무장하여 문화강국을 만들어 나가야 할 것이다.

part 03 | 남망산
국제야외
조각공원
— 통영의 문화공간 조성의 불씨가 되다

　　　　　　통영의 남망산공원은 통영항과 동호만을 가르며 길게 바다로 내민 해발 약 72m의 작은 산으로 이루어진 도심지 안에 있는 시민공원이다. 예로부터 항북목으로 연결되어 있어 마치 강구에 떠 있는 섬처럼 보인다. 송림이 울창하여 주변 경관과 조화를 이룬 데다가 이곳에서 바라다보는 해안풍경과 야경은 아름답기 그지없다.
　　지리적으로 통영의 남쪽 맞은편에 위치해 있는 산이라 하여 남산을 뜻하는 남망으로 일컬었으며 후에 다시 산山자가 첨가되어 남망

산으로 불리었다. 옛 통제영 시절 남쪽 왜적의 침략을 망보았던 산이라 하여 남망산南望山이라 했다는 이야기도 있다.

남망산공원은 통영의 역사와 궤를 같이하면서 변변찮은 도시공원이 없던 시절부터 지금까지 많은 시민들로부터 사랑을 받는 곳이다. 1940~1960년대 통영의 르네상스 시절 수많은 예술가들이 뻔질나게 오르내리며 작품을 구상했던 통영문화의 발상지라 해도 과언이 아니다.

해방 이후 정지용이 통영기행에 나섰을 때 청마가 정지용을 남망산으로 안내했더니 '통영에는 시인이 나올 수밖에 없는 곳'이라고 재탄 삼탄하더라고 했다. 1952년경 전쟁 통에 통영으로 피난 왔던 이중섭은 〈남망산 오르는 길이 보이는 풍경〉〈선착장을 내려다본 풍경〉을 비롯하여 수많은 작품을 남겼다는 것은 이미 다 아는 사실이다.

1990년대 이전까지만 해도 현재 시민문화회관이 들어선 곳에는 충무시 공예학원을 비롯하여 충무시립도서관, 충무시 농촌지도소, 민방위통제소 등이 위치해 있었다. 이 외에도 인근에는 통영무형문화재전수회관과 야외공연장도 있었다. 공원의 곳곳에는 청마의 〈깃발〉을 비롯하여 초정의 〈봉선화〉 시비와 통영 최초의 서양화가 김용주의 '방위' 화비가 있는가 하면 박경리의 〈김약국의 딸들〉 영화 기념비가 자랑스럽게 서 있다.

정상 부분에는 당초의 이름 충무공원답게 온 시민이 모은 성금으로 당시(1954년) 통영으로 피난 와 있던 김경승이 제작한 이충무공 동상이 저 청사에 빛나는 한산 앞바다를 바라보며 늠름하게 서있다. 이 외에도 1954년 통영예총이 세운 이충무공 시비와 1955년 9월 노산 이은상이 짓고 청전 이순필이 써서 세웠던 한산대첩비를 착량묘로 옮기고 1991년 새로 세운 '이충무공 한산대첩비'의 비문은 언제 읽어 보아도 가슴 뛰는 명문이다.

1990년대 통영문화재단 창립기념 사업으로 이곳 남망산공원 중간부에 동랑 유치진 동상을 건립하였다가 몇몇 시민들이 동랑의 친일 행적을 이유로 동상을 강제 철거하는 부끄러운 역사도 있었다. 이 일로 인하여 훗날 동랑·청마 유족들과 통영시의 관계는 급속도로 얼어붙었고 급기야 청마의 출생지 소송문제로까지 번졌다. 또 그때 재미를 보았던 일부 몰지각한 C씨가 훗날 청마까지 친일로 몰아 온

세상을 떠들썩하게 하였다.

　공원의 하단부 입구 쪽에는 열대여섯 채의 달동네가 공원을 잠식하고 있었고 상단부 가장 전망이 좋은 곳에는 충무경찰서장 사택과 골프장, 탁구장과 산장 등이 차지하고 있어 하잘것없는 공간이었다. 1997년 민선자치 1기 시대를 맞아 대대적인 남망산공원 정비계획이 수립되었고 우여곡절 끝에 시민문화회관과 남망산조각공원이 문을 열면서 현재의 모습을 갖추기 시작했다.

　민선 1기 고동주 시장께서는 남망산공원 정비계획에 의거 공원구역 안에 있던 달동네를 철거한 후 이의 활용방안을 검토하던 중 '야외조각공원' 조성이라는 기발한 아이디어를 구상하기에 이르렀다. 적정한 보상으로 달동네를 이주시키고 이곳을 조각공원으로 조성한 후 작가들을 불러들여 현장에서 심포지엄을 통해 작품제작·설치의 전 과정을 공개함으로써 시민들로부터 공감대를 형성할 수 있는 방법을 선택했다. 통영 출신 조각가 심문섭이 본 프로젝트의 총괄을 맡았다. 작가를 섭외하고 작품제작, 심포지엄 등 모든 일이 그의 구상에 의해 결정되었다.

김종준, 박춘근, 김우영과 함께 1997년 2월 1일부터 2007년 12월 31일까지 약 1년간 국제조각심포지엄추진기획단에 동원되어 조각공원 조성과 심포지엄에 따른 행정업무를 지원하였다. 본 프로젝트는 공원구역 안 1만5,700㎡(약 5,000평)의 부지에 사업비 16억 원을 들여 1997년 7월 1일부터 9월 30일까지 3개월 동안에 완성하여 1997년 10월 1일 시민문화회관과 함께 개장했다. 국외 15명 국내 5명 등 15명의 세계적인 거장들이 3개월간의 심포지엄을 통해 조성한 공간으로 당시 전국적으로 큰 반향을 일으켰다. 이 조각공원은 통영의 아름다운 바다와 옛 집터, 골목길 등을 살려 조화롭게 조성한 공원으로 전국적으로 모범 사례가 되었다. 물론 조경설계와 감리는 마당의 황용득 소장이 심혈을 기울여 맡아 줌으로써 그 품격을 더했다. 그는 훗날 통영의 아름다움에 반해 통영 마니아가 되었다.

선례가 없는 국제행사, 외국인에게 대가를 지급하는 방법, 예술품의 가격산정 방법 등 어느 것 하나 쉽게

할 수 있는 일은 없었다. 조각에 문외한이던 우리에게 예술적 감각에 눈뜨게 해 주었고 국제 업무에도 감각을 익힐 수 있는 절호의 기회였다. 물론 1년 내내 휴가도 없이 힘들었지만 공직생활 중 가장 보람찬 업무였다. 훗날 민선시대를 맞아 문화도시를 조성하려는 수많은 지방자치단체들의 벤치마킹 대상지가 되었을 뿐만 아니라 전국의 수많은 언론, 방송사로부터 초미의 관심을 불러일으켰다. 이 프로젝트는 통영의 문화 인프라 구축의 첫 신호탄이라는 데 큰 의의가 있었다.

작가와 작품내용을 차례대로 소개한다.

〈최고의 순간을 위해 멈춰서 있는 기계〉 – 에릭 디트망Erick Dietan(스웨덴), 〈망산〉 – 대니 카라반Dani Karavan(이스라엘), 〈통영의 통과 가능한 입방체〉 – 헤수스 라파엘 소토Jesus Rafael Soto(베네주엘라), 〈분재〉 – 장 피에르 레이노Jean Pierre Raynaud(프랑스), 〈출산〉 – 앤터니 곰리Antony Gormley(영국), 〈반중력의 곡선〉 – 마놀리스 마리다키스Manolis Maridakis(그리스), 〈감시초소〉 – 토니 아워슬러Tony Oursler(미국), 〈잃어버린 조화/몰두〉 – 질 뚜야르Jilles Touyard(프랑스), 〈뒤집힌 무덤〉 – 황용핑 Huang Yong Ping(중국), 〈4개의 움직이는 풍경〉 – 이토 다카미치Ito Takamichi(일본), 〈은유 – 출항지METAPHOR〉 – 심문섭, 〈물과 대지의 인연〉 – 박종배, 〈FLOWER '97. 1' 11 DREAM STORY〉 – 도홍록, 〈허공의 중심〉 – 김영원, 〈관계항 – 꿈꾸는 언덕〉 – 이우환 등 15점이 바다를 배경으로 조화롭게 자리 잡고 있다.

이래 글은 〈문화 충격〉이라는 글이다.

10여 년 전 심포지엄을 통해 통영국제야외조각공원 조성을 하다가 받은 문화충격은 지금 생각해 보아도 아찔하기만 하다. 시민문화회관 준공에 맞추어 시민들에게 조각공원을 개방하기 위해 밤낮 가리지 않고 일하던 때 일어난 일이었다.

  인체조각의 대가로 널리 알려져 있을 뿐만 아니라, 최근 광화문에 있는 세종대왕 좌상의 작가인 김영원 홍익대교수의 인체 조각상이 문제였다. 당시 이 조각상은 사람이 가장 많이 볼 수 있는 시민문화회관 사무실 옆에 맨 먼저 세워졌다. 아침저녁으로 운동 삼아 남망산을 오르내리던 동네 주민들에 의해 "다섯 명의 남자가 완전 나체로 길옆에 서 있더라. 물건이 되게 좋더라. 흉측해서 눈감고 보았다."는 등 온 동네에 삽시간에 소문이 퍼지기 시작했다.

  급기야 경찰서장이 미풍양속을 저해한다하여 다른 곳으로 옮겨 세우도록 권유하기에 이르렀고 우리는 작가에게 앞뒤 사정을 설명하여 가까스로 사람의 발길이 뜸한 공원 하반부로 옮겨 세웠다. '인간의 삶과 죽음, 영혼과 육체, 정신과 물질, 의식과 무의식 등 이원론적 사고가 지배하는 이 세상의 대립과 분열을 극복하고자 하는 인간의 고귀한 염원을 나타낸 인체 조각'이라는 작품 설명판이 있었지만 당시로서는 상당한 문화 충격이었다.

  오랫동안 여탕의 화제가 되어 그 건장한 남성의 심벌을 구경하기 위해 조각공원 관람객이 늘었다는 이야기에 배를 잡고 웃은 적이 있다. 도시 미관을 저해하는 달동네를 철거하고 난 자리에 조성한 조각공원이라 하여 당시 전국의 지방자치단체로부터 큰 관심을 불러일으켰던 문화 프로젝트였다. 하지만 그 공원이 완공되기까지는 온갖 우여곡절이 있었다. 급하게 돈 쓸데가 한두 군데가 아닌데 그렇게 많은 예산을 들여 조각공원을 만들 필요가 있느냐며 반대하는 시의회를 설득해야 했고, 예산과 경리를 맡은 공무원들을 설득해야 하는 어려움이 한두 가지가 아니었다. 하기야 달랑 철판 하나와 바위 한 개를 마주보게 앉혀놓고 3,000만 원의 작품비를 지급하자니 이해되지 않는 것이 오히려 정상이었으리라.

10여 년이 지난 오늘, 당시 철판 하나 자연석 하나 놓은 '관계항'을 설치했던 작가 이우환의 '점으로부터'라는 회화 한 점이 8억 1,000만 원에 경매되었다는 소식은 또 한 번 우리를 문화 충격 속으로 몰아넣었다.

이중섭이 전쟁을 피해 불과 육칠 개월 머물렀던 서귀포에서는 진작부터 이중섭이 살았던 곳을 복원하고 '이중섭기념관'을 짓는가 하면 '이중섭거리'를 선포하더니 얼마 전 통영에서 그렸던 B4용지 크기의 〈선착장을 내려다본 풍경〉을 7억 5천만 원에 사들여 우리를 멍하게 만들었다. 우리가 아직도 문화충격에서 벗어나지 못하고 있을 때 또 어느 단체가 우리의 허를 찌를지 모른다. 문화전쟁에서 이기는 지름길은 문화 충격을 완충해 줄 문화마인드를 키우는 일이다.

그동안 시민들로부터 많은 사랑을 받았던 시민문화회관의 기능이 대폭 축소된다. 올해부터는 통영국제음악제를 비롯하여 많은 공연들이 통영국제음악당으로 옮겨간다. 이에 대비하여 남망산공원의 또 다른 변신을 꿈꾸어야 한다. 조각공원을 좀 더 확대하고 시비나 화비를 더 유치하여 시의 동산으로 꾸며 보는 것도 좋을 것이다. 게다가 기존 오솔길을 활용하여 철학의 길이나 사색의 길로 꾸미고 곧 들어설 '김형근미술관'과 연계하여 통영의 몽마르트르나 화가의 거리로 만들어 보는 것도 깊이 생각해 볼 일이다.

part 03 초정 거리
― 항남1번가보다는 초정거리가 좋아

비 오자 장독간에 봉선화 반만 벌어
해마다 피는 꽃을 나만 두고 볼 것인가
세세한 사연을 적어 누님께로 보내자

누님이 편지 보며 하마 울까 웃으실까
눈앞에 삼삼이는 고향집을 그리시고
손톱에 꽃물 들이던 그날 생각 하시리

양지에 마주 앉아 실로 찬찬 매어주던
하얀 손가락 가락이 검붉은 그 손톱을
지금은 꿈속에 본 듯 힘줄만이 서누나
―〈봉선화〉전문

    초정의 대표작 〈봉선화〉는 초정거리 초입의 골목에도 있고 남망산공원 초정시비에도 친필로 새겨져 있다. 시골의 정서가 물씬 풍기는 정겨운 시다.
    대문호 톨스토이는 "당신이 우주가 되고자 한다면 당신의 마을을 노래하라. 당신은 당신의 마을을 알아야 하고 사랑해야 한다."고 말했다. 우리의 마을에는 생의 나이테가 있고 저마다의 흔적이 있는 법이다. 마을의 흔적을 찾아 그럴싸한 이름을 붙여 준다면 그 마을이 되살아나는 법이다. 더더욱 그 마을에서 나고 자라면서 고향을 노래한 시인의 흔적을 찾아 이를 기리고 기념하는 일은 문화도시의 행정이 할 일이며 또한 문화시민들이 해야 할 일이다.
    2007년은 통영에 문화예술의 옷을 입힌 해라고 해도 과언이 아니다. 2007년 3월에는 도비를 보조받아 시인이 가장 아끼고 사랑하던

남망산공원에 초정 시비를 건립하였다. 선생의 대표작 〈봉선화〉 친필 시비를 비롯하여 특색 있는 문화공간을 만들었다는 평을 받았다. 2007년 3월 29일 제막식에는 통영이 생기고 가장 많은 시인이 통영을 찾은 날로 기록되었다. 이어령 초대 문화부장관을 비롯한 그 많은 시인 묵객들이 모두 통영을 찾아온 것이다. 정말 대단한 일이다.

그해 12월 4일 초정 생가를 중심으로 한 항남1번가(오행당골목)를 '초정 김상옥 거리'로 선포하는 기념행사가 열렸다. 시인의 큰딸 김훈정 선생과 사위 김성익 교수를 비롯한 통영의 많은 문화예술인들이 모여 또 한 번 통영이 문화예술도시임을 확인하는 계기가 되었다. 초정거리는 보경유리상회에서 명성레코드까지의 약 180m 거리이다. 이곳은 시인의 선조 때부터 갓을 만들던 선창집(시인이 태어난 곳)이 있던 곳으로 시인이 나고 자란 골목길이다. 청마거리, 윤이상 거리에 이어 세 번째 예술인의 이름을 딴 거리이다. "문화예술을 사랑하는 지름길은 문화예술인의 이름이 붙은 길 위를 걷는 것"이라고 했다. 물론 항남1번가 또한 나름대로의 의미가 있겠지만 시인의 생가터가 있고 그가 나고 자란 골목을 '초정거리'라 명명하는 것은 예향 통영의 이름에 걸맞는 일이다.

초정거리는 2006년 7월~2007년 4월까지 중앙동사무소에 근무할

때 특수시책으로 기획한 문화프로젝트였다. 기획안에 전적으로 동의해 주고 아낌없이 예산까지 지원해준 당시 정광민 동장께 지면을 빌려 감사드린다.

당시 항남동을 중심으로 한 통영의 상권이 북신·죽림 신도시로 급속히 옮겨감에 따라 구 도심은 공동화 현상이 빠르게 진행되고 있었다. 이에 대한 자구책으로 항남1번가 상인회에서도 친절·질서 운동을 펼치는 가운데 통영~대전 고속도로 개통과 중앙간선도로 확포장 등으로 다소나마 상권이 살아나고 있었던 때이다. 이와 때를 같이하여 항남1번가를 특색 있는 문화거리로 조성하여 통영을 찾는 관광객들에게 예향 통영의 품격을 선보임으로써 지역경제 활성화에 기여해야겠다고 생각하였다.

항남1번가는 예로부터 오행당한의원이 있었던 골목으로 통영시민들에게는 애환이 서려 있는 곳으로 초정생가(항남동 64번지, 현 목화화장품)가 위치해 있고 인근에 청마거리, 세병관, 문화마당 등이 위치해 있어 얼마든지 시민들의 발길을 잡아둘 수 있는 곳이었다. 기존 청마거리와 금후 조성될 통제영거리, 이순신광장, 도천동 윤이상기념관과 연계하여 특색 있는 거리로 조성한다면 통영의 명물로 거듭날 수 있다는 확신을 가졌다.

서둘러 '초정거리 조성 및 선포식 계획'을 수립하고 그해 3월 7일 오후 6시 중앙동사무소 회의실에서 주민자치위원, 상가번영회 회원들에게 문화거리 조성에 따른 사업 설명회를 가졌다. 특색 있고 아름다운 문화거리를 만들어 상권을 살리자는 데 반대할 명분이 없었다. 대부분의 참석자들이 적극 동참할 의사를 밝혔다. 이에 고무되어 초정거리 명명에 따른 여론조사를 실시하고 문화거리(초정거리)조성 추진위원회를 구성하였다. 김종학 사장님이 초대회장을 맡아 주었고 본 사업에 적극 협조해 주었다. 지면을 빌려 깊이 감사드린다.

마침 동장께서도 본 사업의 중요성을 인식하고 당시 동장 포괄사업비까지 본 사업에 투입하여 약 8개월 동안 봉선화 벽화를 비롯하여 아트타일, 초정거리 표석, 배너 등을 설치하고 그해 12월 4일 드디어 '초정거리' 선포식을 가졌던 것이다. 물론 그해 4월 16일 본청 문화예술과로 발령 나는 바람에 선포식은 물론 사업을 다 완수하지 못하고 손님으로 참석하였지만 그렇게 가슴 뿌듯할 수가 없었다.

당시 사업계획 중 가장 키포인트는 초정 생가를 매입하여 기념관으로 꾸미는 일이었지만 아직도 이를 이루지 못해 아쉬운 마음 금할 길 없다. 당시 선포식에 참여했던 유족은 통영시가 생가를 매입하여 작지만 아름다운 기념관으로 조성한다면 유족들이 소장하고 있던 유품들을 모두 조건 없이 기증하겠다고 약속했었다. 이후 수차례 유족들을 접촉하면서 이를 성사시키려고 노력했지만 늘 후순위로 밀렸다. 생가 터가 좁고 협소할 뿐만 아니라 건물 또한 초라하여 볼품없다며 매입을 반대하는 시의원들도 있었다. 또 어느 의원은 이렇게 많은 문화예술인들의 생가를 어떻게 다 복원하고 또 기념관을 지을 것이냐며 차라리 아파트를 지어 호실별로 기념관을 만들자는 이도 있었다. 참 비문화적인 발상이다.

가는 곳마다 발길 닿는 곳마다 작가의 나고 자란 생가가 있고 작가의 창작혼이 서려있는 곳에 기념관이나 시비, 동상이 뜨거운 숨을 내뿜는 그런 곳이 문화도시이다. 기릴 만한 인물이 없어 뜬금없이 출생지 소송까지 걸어 시인의 이름을 빼앗아 가려고 하는 경쟁 지방자치단체가 바로 인근에 있는데도 우리는 이렇게 안일한 생각을 갖고 있다면 이는 모순이 아닐 수 없다.

2011년 11월 문화예술 장식품 재배치 계획에 따라 꽃 시비가 남망산공원 초입으로 옮겨 가고 초정 생가 앞 그 자리에는 초정의 좌상이 생시처럼 앉아있다. 이 좌상은 홍익대 미대학장이던 인체조각의 거장 김영원 교수의 작품이다. 약 1억 원도 되지 않는 작품비로는 도저히 김 교수의 작품을 설치할 수 없지만, 남망산조각공원 조성 시 면을 틔어 두었던 인연과 조각가 심문섭 교수의 도움으로 작품을 설치했다는 사실을 시민들에게 알리고 싶다.

이곳은 우리 시 최초로 지정·운영한 '걸어서 떠나는 이야기가 있는 역사문화기행' 메인 코스로 연일 방문객들로부터 각광받는 명소가 되었다. 최근 '항남동 골목길 관광 활성화 사업'을 비롯하여 '강구안 푸른 골목 만들기 사업' 등이 완료되면서 구 도심 상권이 되살아나고 있다니 다행이 아닐 수 없다.

part 03 | 걸어서 떠나는
          이야기가 있는
          역사문화기행 코스 개발
          ─ 토영 이야~길 콘텐츠 무료로 빌려주다

최근 들어 제주도의 올레길, 지리산 둘레길 등과 함께 걷기 열풍이 전국을 강타하고 있다. 올레란 제주어로 '거리에서 대문까지의, 집으로 통하는 아주 좁은 골목길'을 뜻한다. 모든 삶이 속도 경쟁에 파묻혀 심신이 피폐해진 현실을 벗어나 자동차 행렬이 없는 옛날부터 있던, 사람이 다니던 길을 찾아서 걷기 여행을 할 수 있도록 개발한 것이 제주 올레길이다. 놀멍, 쉬멍, 걸으멍(놀며, 쉬며, 걸으며) 간.세.다.리(게으름뱅이) 여행을 하자는 것이 제주 올레의 취지이다. 2007년 9월 처음 코스를 개발한 이후 2009년 한 해 일곱 개의 코스를 개발하여 수십만 명의 관광객이 다녀갔다. 전국의 지방자치단체에서 이 올레길을 벤치마킹하여 비슷비슷한 길을 만들어 관광객을 끌어 모으는데 열을 올리고 있다. 지금은 가는 곳마다 올레길, 둘레길 몇 개 정도 없는 곳은 찾아보기 힘들다.

이 올레길이 생기기 2년 전인 2005년 한산면에 근무할 때 걷고 싶은 오솔길이라 하여 걷기 좋은 올레길을 지역신문에 소개한 바 있다. 까만 몽돌해수욕장과 수십 년 된 아름드리 노거송이 마을을 아름답게 수놓고 있는 한산면 추봉리 봉암마을을 출발, 한산사를 경유하여 6·25동란 시 포로수용소가 있었던 천형의 땅 추원·예곡마을을 거쳐 예곡망산으로 이어지는 환상의 코스가 그 첫 번째 길이다. 무릉도원이 따로 없는 걷고 싶은 거리로 전국 콘테스트에 출품해도 손색 없는 길이라 예찬한 바 있다.

한산면 비진도의 안 비진에서 그 유명한 비진도해수욕장이 위치한 바깥 비진으로 넘어 가는 오솔길과 바깥 비진에서 수포(물개) 가는 길이 두 번째 길이다. 가익도와 욕지도의 크고 작은 섬들을 바라보며 걸을 수 있고 봄이면 온갖 산나물을 비롯한 희귀식물의 보고

다.

 마지막으로 대매물도 당금마을에서 대항마을을 거쳐 장군봉으로 가는 길은 가히 전국 최고의 걷고 싶은 길이다. 장군봉에 위치한 일제강점기 방공호를 비롯하여 군부시절 간첩선을 감시하기 위해 있었던 해군 막사가 보기 흉했지만 끈질긴 건의로 후에 국립공원관리사무소에서 철거하기에 이르렀다. 이를 계기로 한려해상국립공원 구역에 흉물스럽게 방치된 옛 군사시설을 모두 정비한 것은 다행스런 일이다.

 제주 올레길이 세상에 소개되기 전 2007년도에 '걸어서 떠나는 이야기가 있는 역사문화 기행' 코스를 개발하였다. 통영은 문화예술의 보물창고다. 극작가 동랑 유치진, 편지의 시인 청마 유치환, 현대음악의 거장 윤이상, 시조시인 초정 김상옥, 꽃의 시인 대여 김춘수, 흙과 생명의 작가 박경리, 재미 작가 김용익, 화가 전혁림·이한우·김형근, 나전장 송방웅, 칠예가 김봉룡·김성수, 조각가 심문섭 등 한국의 대표 작가들이 모두 이곳 통영 출신이다. 세병관, 한산도 이충무공유적지, 충렬사 등 유형문화재를 비롯하여 두석장, 소목장 등 12공방과 승전무, 통영오광대, 남해안별신굿 등 무형문화재가 전국에서 가장 많은 곳 또한 통영이다. 차를 버리고 정겨운

　골목길을 따라 돌다보면 찬란했던 300여 년의 통제영 유적지가 곳곳에 남아 있는가 하면, 유명예술인들의 치열했던 삶의 흔적과 창작혼이 고스란히 남아 있다.
　박경리 선생의 장례식을 계기로 통영이 언론의 집중 조명을 받음으로써 수많은 사람들이 통영으로 몰려오고 있다. 도대체 통영이 어떤 곳이기에 이토록 많은 문화예술인들이 쏟아져 나왔는지 그 해답을 찾기 위해 통영은 오늘도 수많은 관광객들로 북적이고 있다. 차를 버리고 시내를 한 바퀴 돌다보면 이중섭 화가가 통영풍경 등 걸작을 남겼던 옛 경상남도나전칠기기술원양성소가 있고, 도로를 만들다 생긴 자투리땅에는 유명 예술인들의 시비와 흉상이 뜨거운 입김을 내뿜고 있다. 명정동 미로 같은 골목길로 접어들면 한실댁의 목소리와 함께 용숙, 용빈, 용란, 용옥, 용혜 등 김약국의 딸들이

골목길을 뛰쳐나올 것만 같다. '고향 속에 세계가 있다. 세계의 큰 문학은 고향에서 시작되었다. 예술인의 이름이 붙은 길 위를 걷는 것은 문화를 가까이하는 지름길'이라고 '돌아가는 배'의 저자 김성우는 말한다. 예술인들이 태어난 생가와 작품의 무대에 서면 여러분들도 시인이 되고 화가가 되고 소설가가 될 것이다. 더더욱 최근 관광의 추세가 대형 버스를 타고 다니며 주마간산 격으로 보고 먹고 마시고 놀다 가는 식이 아니라 테마를 갖고 천천히 그 지역의 역사와 문화를 보고 즐기는 쪽으로 변해가고 있으니 이 길이야말로 건강도 챙기고 문화도 체험할 수 있는 황금길이다.

수많은 지방자치단체가 없는 이야기도 만들어 포장한다. 어느 도시든 그에 걸맞는 이야기가 있기 마련이다. 우리의 골목길에는 듣지도 보지도 못한 정다운 이야기가 있다. 시내 곳곳에 널려 있는 이러한 이야기를 잘 다듬고 그럴싸하게 연결한다면 멋진 여행상품이 될 것이라는 것이 나의 생각이었다. 수십 번의 현장답사와 실측을 통해 팸플릿을 만들고 공무원과 시민들을 대상으로 설명회를 개최하는 등 심혈을 기울였다.

우선 코스는 3개 코스로 정하였다. 제1코스는 문화마당, 초정거리, 청마거리, 문화동벅수, 통영향토역사관, 삼도수군통제영, 간창골 새미, 통영문화원, 서문고개, 박경리 생가, 통영충렬사, 정당샘,

전기불터, 김춘수공원, 이중섭거리, 문화마당으로 약 3시간 정도 걸려 돌아오는 길이다.

다음은 문화마당, 초정거리, 청마거리, 세병관, 향토역사관, 청마생가, 김용주기념관, 동피랑 벽화골목, 김춘수생가, 통새미, 중앙활어시장, 문화마당으로 돌아오는 2시간짜리 제2코스이다. 마지막으로 차량을 이용한 코스로는 통영IC, 청마문학관, 이순신공원, 세병관, 통영충렬사, 해저터널, 충무교, 김춘수유품전시관, 전혁림미술관, 통영전통공예관, 박경리기념관(공원), 산양관광도로, 당포성, 통영대교, 윤이상기념관(공원), 서호활어시장, 문화마당, 통영 남망산 야외조각공원, 통영옻칠미술관, 통영IC로 돌아가는 길이다. 팸플릿 하나 찾아 들면 아주 찾아가기 쉽도록 지도와 함께 가는 곳마다 서려 있는 이야기를 알기 쉽게 서술해 두었다.

2009년 11월경 문화관광체육부로부터 '이야기가 있는 문화생태 탐방로' 선정을 위한 공모가 있었다. 이 업무를 맡은 관광과 담당자의 부탁으로 '걸어서 떠나는 이야기가 있는 역사문화기행'이라는 콘텐츠를 모두 빌려 주었다. 2010년 3월 중앙심사위원들의 현장답사를 거쳐 5월 초 최종 선정되어 통영문화재단이 2010년 7월부터 2011년 3월까지 5천만 원의 사업비로 사업을 완료하였다. 물론 심사위원에게 보고했던 기획의도 브리핑을 비롯하여 다음 날 종일토록 있었던 현장 답사 안내도 본인이 맡았다. 이 사업으로 명명된 길 이름이 '토영 이야~길'로 코스는 '걸어서 떠나는 이야기가 있는 역사문화기행' 코스를 약간 변형한 것이다. 이제 우리 모두 걷기 돌풍에 휩싸여 있다. 우리 모두 차를 버리고 역사와 문화가 살아 숨 쉬는 골목을 찾아 나서자.

part 03 | 한산대첩과 한산대첩 출정식
— 한산대첩의 교두보 역할은 당포해전

내 나이 세 살 때 한산대첩제전이 처음 열렸으니 한산대첩과 나는 두 살 차이다. 눈이 시리도록 푸른 하늘을 이고 말 못 하는 허수아비가 가을 들판의 누런 나락을 지키느라 분주해지고, 이웃집 울 너머로 동이만 한 감이 붉어지기 시작하면 우리 마을에도 어김없이 가을이 찾아오는 것이다.

학교에는 제법 정보가 빠른 몇몇 녀석들이 어디에서 주워 들었는지 충무시내에서 곧 한산대첩이 열린다는 소문을 퍼뜨리고 다닌다. 이때부터 우리의 마음도 바빠진다. 어떤 방법으로 용돈을 모아 한산대첩을 구경하러 충무시내로 갈 것인지 머리를 굴리기 시작하는 것이다.

전과나 수련장을 사야 된다며 대충 둘러대고 어머니에게 겨우 한 50원을 얻으면 우리는 뛸 듯이 기뻤다. 토요일 오후 일찍 수업을 파하고 우리는 한산대첩을 구경하기 위해 충무시내로 간다. 비포장도로에 몇 시간 만에 한 대씩 오가는 마이크로버스를 기다릴 여유도 없었지만 우리는 얼마의 차비라도 아껴야 하기에 20리 길을 걸었다.

화려한 의상을 한 군졸들의 호위를 받으며 삼도수군통제사 행렬 맨 앞줄에 선 충무공 이순신이 탄 가마를 보는 것만으로도 우리는 감격했다. 통제사 다음으로 줄줄이 이어지는 가장 행렬을 보면서 우리는 또 한 번 혀를 내두른다. 제전이 벌어지는 세병관, 충렬사, 해방다리, 오거리 등 이곳저곳을 기웃거리다 보면 해는 지고 배가 고파온다. 붕어빵 한두 개로 끼니를 때우고도 한산대첩제전을 구경했다는 자긍심 하나로 우리는 어둠을 뚫고 피곤한 줄도 모른 채 20리 길을 걸어 집으로 돌아왔다. 일 년에 한 번 가을에 열리는 한산대첩을 구경하는 것이 시골에 사는 우리에게는 큰 희망이었다.

우리는 충무시내 다녀온 횟수로 견문의 좁음과 넓음을 가늠했다.

다음날 한산대첩을 구경하고 온 우리는 의기양양했지만 그렇지 못한 친구들은 늘 의기소침했다. 초등학교 5, 6학년 때 한산대첩을 기념하기 위해 열리는 고전읽기 대회에 참가하면서 세병관의 위용을 알았다. 이토록 우리는 한 해도 거르지 않고 한산대첩을 구경하러 다녔다. 설이나 추석 명절 다음으로 기다려지는 것이 한산대첩이었다. 나는 한산대첩의 마니아이긴 했지만 늘 외곽에서 한산대첩을 구경만 하는 이방인이었다. 한산대첩이 어떤 것이며 왜 하는지도 모른 채 늘 한산대첩을 기다렸다. 공무원이 된 이후 단 한 번도 이 축제를 주관하는 부서에 근무해 보지 못했다.

그런데 2007년 초 행정조직 개편을 하면서 한산대첩축제 지원팀장을 직위 공모하는 기상천외한 일이 벌어졌다. 그 공모에 응했고 2007년 4월 16일 팀장이 되었다. 제46회 통영한산대첩축제의 총괄 지원팀장을 맡은 것이다. 감개무량했다. 그 기쁨도 잠깐, 엄청난 업

무가 기다리고 있었다. 확실히 무슨 문제가 있었는지는 몰라도 전임 한산대첩기념사업회 집행위원장을 비롯한 사무국 직원이 모두 교체된 가운데 전년도 행사결과 정산보고는 물론 금년 행사를 위한 준비는 아예 백지 상태였다. 행사는 4개월 앞으로 다가왔는데 앞이 막막했다. 더더욱 한산대첩축제는 몇 년째 가장 하부 단계인 예비축제에 머물러 있었다.

 기념사업회의 업무를 정상화시키는 한편, 평가도 잘 받아 축제를 유망축제로 끌어 올려야 하는 과제를 안았다. 분명 두 마리의 토끼를 다 잡을 자신이 있었다. 우선 한산대첩의 프로그램에 대해 깊이 고민해 보았다. 지금까지는 축제 첫날 오후 충렬사에서 고유제를 봉행한 이후 저녁 8시, 문화마당에서 개막식을 개최함으로써 도입부가 밋밋하기 짝이 없었다.

1592년 6월 2일 한산대첩이 있기 약 한 달 전 이순신 함대는 당포해전을 승리로 이끌면서 사기가 충천해 있었다. 그로부터 한 달 후 다시 바람을 피해 당포항에 정박 중인 이순신 함대에 고급 정보 하나가 날아든다. 7월 7일 미륵도의 목장에서 말먹이꾼으로 일하던 목동 김천손이 미륵산에 올랐다가 견내량에 정박해 있는 왜선을 목격하고 단숨에 당포항으로 달려 내려가 이순신 함대에 상황을 정확하게 보고한다. 그렇지 않아도 한산 앞바다를 손바닥처럼 알고 있던 이충무공은 밤샘 작전회의를 한 이후 다음 날(7월 8일) 당포항을 발진하여 견내량에 정박해 있던 왜선을 한산 앞바다로 유인하여 학익진으로 일망타진했던 해전이 한산대첩이었다.

　이러한 역사적인 사실에 근거하여 제46회 한산대첩축제(2007. 8. 9.~8. 12.)는 당포항에서 한산대첩을 알리는 고유제를 지내고 이를 이충무공에게 알리는 의식으로 '김천손 구국의 봉홧불 이어달리기'를 기획하였다. 한편, 축제 평가에서 감점 요인이 되는 축제와 관계없는 야시장을 철폐하는 것이었다. 이 일은 통영해병전우회에 전적으로 맡겼다. 전국에서 몰려드는 그야말로 전문꾼들을 상대해서 야시장을 없애는 일은 정말 어려운 일이었다. 축제 시작 첫날 아침부터 축제장을 점령한 이들을 쫓아내기 위해 경찰까지 동원하였으나 식칼까지 들고 나와 버티던 그때를 생각하면 지금도 등골이 오싹해진다. 위험을 무릅쓰고 이 일을 완수해 준 통영해병전우회에 깊이 감사드린다. 축제 마지막 날 거행하는 한산대첩 축제의 하이라이트인 한산해전 재현 장소도 강구안에서 이순신 공원 앞 넓은 바다로 장소를 옮겼다. 한산해전 참가요원들도 대부분 한산도 주민들이 참여함으로써 그 의의를 더했다. 뒤에 김천손 구국의 봉홧불 이어달리기는 한산대첩 출정식으로 발전하였고 야시장은 그때부터 없어졌다.

  이때까지는 행사에만 급급했지 평가대비에는 신경을 쓰지 않음으로써 축제는 늘 예비축제에 머물러 있었다. 우리는 축제 준비에 전념하면서도 한편으로는 왜 한산대첩 축제를 국가가 지원해 주어야 하는지 당위성을 설명하기 위해 문화체육관광부 송만호 사무관을 찾아가 입이 마르도록 설명했다. "자라나는 후손들이 이 거룩한 충무공 정신을 이어받고 드높은 공훈을 되새겨 민족의 지표로 삼아 만대에 보답함으로써 애국정신을 함양하여 자주통일로 승화할 것을 다짐해야 한다."며 열변을 토했다. "한산대첩이 없었다면 당신도 우리도 이 자리에 없을 것이다."라며 사무관을 설득했다. 우리의 끈질긴 설득에 그 사무관은 이런 공무원을 처음 본다며 결국 우리의 의견에 동의했고 축제 평가위원 명단을 알려 주었다. 일보다 평가에 너무 연연해할 필요는 없지만 힘들여 한 일에 대해서 정확한 평가를 받아야 하는 것은 당연한 일이다. 축제 팸플릿을 비롯하여 작년과 달라진 점, 축제의 하이라이트 등을 꼼꼼히 챙겨 일목요연하게 바인더로 만들어 심사위원 개개인에게 택배로 보냈다. 현장에 오시면 안내하겠다는 제의에 따라 대부분의 심사위원이 현장에 왔고 우리는 그들을 성의 있게 안내하고 접대도 소홀히 하지 않았다. 특히 바쁜 가운데서도 시간을 내어 현장으로 달려온 문화체육관광부 송만호 실무 사무관은 한산대첩축제에 대해 대단히 만족해했다.

  축제와 평가 등 두 마리 토끼를 잡기 위해 열심히 노력한 결과 그해 말 통영한산대첩 축제는 유망축제로 승격되었다. 물론 그때 나는 임무를 다하고 10월 22일부로 다른 부서로 옮겨감으로써 공은 후임자가 받았다. 그 공이야 누가 가져가든 말든 국가가 인정하고 국비를 지원해 주는 축제로 승화되었다는 데 뿌듯한 긍지를 느낀

다. 그로부터 6년 만인 2013년 우수축제로 또 한 단계 승격되었다. 그때 그 인연으로 그 사무관과는 지금도 서로 연락하며 가깝게 지내고 있다.

한산대첩은 이 시대를 살아가는 우리에게 과연 어떤 의미를 지니고 있는 것일까. 조국의 운명이 바람 앞에 등불 같을 때 거북선을 선봉장으로 학익진鶴翼陣을 펼쳐 나라를 위기에서 구한 성전이 한산대첩이다. 그날의 그 감격을 되새기고 공의 위훈을 기리는 제전으로 출발하여 통영을 대표하는 축제로 자리 잡은 것이다.

이충무공은 안으로는 자신과 밖으로는 무능한 조정과 대외적으로는 일본과 싸웠다. 지금의 우리보다 훨씬 더 절망적인 현실 속에서도 밝은 미래를 본 분이 충무공 이순신이다. 영웅이 없는 시대를 살아가고 있는 우리에게 이 충무공은 한줄기 태양이다. 이제 우리는 이순신을 통하여 우리가 나아갈 길을 밝혀야 한다.

세계 4대 해전 중 으뜸이요, 이 대첩이 없었다면 300년이나 빨리 나라를 잃을 뻔했다고 자랑하는 이 축제가 대한민국의 대표 축제가 되지 못할 까닭이 없다. 지역 축제라고 해서 우리끼리 모여 동네 축제로 치를 것이 아니라 가장 통영적인 것이 가장 세계적이라는 슬

로건 아래, 알을 깨는 아픔을 감수하고서라도 세계적인 축제로 거듭나야 마땅하다. 그 누구도 흉내 낼 수 없는 학익진은 통영의 자랑이자 대한민국의 자랑이다.

　힘들고 어려운 과정을 겪었지만 그래도 가슴 뿌듯하다. 늘 이방인에서 행사의 주관 팀장으로 역할을 다했다는 생각에 가슴 뭉클했다. 이제 또 제52회 한산대첩축제가 끝났지만 365일 날마다 나라 걱정하는 이충무공처럼 늘 깨어 있어야 하리라. "누구든지 죽고자 하면 살 것이요, 살고자 하면 죽을 것이다."며 불호령을 내리시던 공의 목소리가 쩌렁쩌렁한 한산도 앞바다에는 그렇게 축제의 마지막 밤이 깊어가고 있었다.

　아랫글은 제46회 한산대첩축제에 즈음하여 당포에서 거행한 김천손 구국 봉홧불 이어달리기에 앞서 당포항에서 봉행한 고유제에 바친 축문이다.

　　　유세차, 정해년 유월 스무이레
　　　삼가 선령들께 고하나이다.
　　　온 겨레가 우러러 숭앙하는 성웅 이충무공!
　　　이 땅 어느 한 곳에라도 구국의 발길이 미치지 않은 곳 있겠습니까? 유독 우리 통영은 장장 7년간의 임진란 국난을 대승첩으로 끝내고 조국을 건진 한산대첩의 전적이 도처에 살아 숨 쉬는 역사의 현장입니다.

특히 이곳 당포 앞바다는 한산대첩이 있기 전 임진년 6월 초이틀 장군께서 왜선 20여 척을 모조리 쳐부순 승리의 바다입니다. 공께서 이루신 23전 23승의 빛나는 승리 뒤에는 이름 없는 민초들의 도움이 있었습니다. 왜선 약 70여 척이 견내량에 닿아 있다는 당포 목동 김천손의 아주 정확한 정보에 의해 한산해전을 대승첩으로 끝맺을 수 있었습니다.

어언 415년이 지난 오늘, 그때 그 감격을 되새기는 한편 공의 충절과 위훈을 기리고자 받들어 모시는 마흔여섯 번째 통영한산대첩축제에 김천손 목동도 함께 모시고자 하오니 허락하여 주시옵소서! "누구든지 죽고자 하면 살 것이요, 살고자 하면 죽을 것이다" 하시던 그 불호령 명심하겠습니다. 오늘 이 구국의 봉홧불 이어달리기로 시작되는 나흘간의 제46회 통영한산대첩축제가 무사무탈하도록 굽어살피소서!

상향

part 03

색깔과
　이야기가 있는
가는개 마을
— 대한민국에서 가장 특색 있는 쟁이마을로 만들고 싶어

통영시 산양읍 남평리 세포마을은 행정구역상 옛 통영군과 충무시의 경계에 위치한 마을이다. 마을 앞 깊숙이 뻗쳐 들어온 가느다란 만灣으로 이루어진 포구라 하여 아름다운 우리말 '가는개'로 불리었다. 그러나 일제 강점기를 거치면서 일본 사람들이 우리말을 없애기 위해 '세포'라 개칭하였다. 현재는 110세대 261명의 주민 대부분이 원예농사로 먹고사는 아름답고 살기 좋은 전원마을이다.

이 마을에는 수많은 이야기들이 숨어 있다.

옛날 시·군 통합 이전 통영군 세포마을에서 충무시 미수동으로 넘어가는 한 고개를 일러 '가는이 고개'라고 불렀는데 여기에는 참 슬픈 전설이 서려 있다. 주정뱅이 남편에게 불의의 죽임을 당하여 땅에 묻히지도 못한 채 마루 밑에 있다가 귀신이 되어 밤만 되면 이 고개를 지나가는 사람들에게 '가는이, 가는이' 하며 양지바른 곳에 묻어달라고 애원했지만 그 고개를 지나가던 사람들은 귀신 소리에 놀라 기절하고 말았다. 어느 날 이 소문을 들은 동네의 간 큰 사람이 고개를 넘자 과연 소문과 같이 소복을 입은 귀신이 나타났다. 차근히 이야기를 들은 그 남자가 다음 날 시체를 수습하여 마을 어귀의 양지바른 곳에 묻어주자 다시는 나타나지 않았다. 물론 그를 수습한 사람은 훗날 어장 사업이 번창하여 큰 부자가 되었다.

또 다른 이야기는 전복全鰒의 부정 공출을 일삼는 관리들을 처벌해 달라며 한양까지 올라가 임금에게 고하여 고질적인 악습을 철폐하였지만 훗날 관리들에게 따돌림당하고 죽은 정씨 할머니의 원혼을 달래기 위해 마을 주민들이 이 고갯마루에 '유인 월성 정씨 영세불망비'를 세웠는데 이 비석은 아직도 그 자리에 서 있다. 옛날 산양면(현 산양읍) 삼덕리 당포진의 당포만호가 통제영으로 전령을 갈 때 이곳 고개에 오면 마침 점심때가 되었다 하여 '점심(午飯)고개'라고 부르기도 하였다.

이 외에도 1930~1970년대 마을에는 옹기쟁이, 삿갓쟁이, 통쟁이, 양복쟁이, 기와쟁이, 나전칠쟁이, 대장쟁이, 솜털쟁이, 땜쟁이, 챙이(키)쟁이, 갓쟁이, 소반쟁이 등 수많은 장인들이 작업을 했던 흔적들이 곳곳에 남아 있는 장인마을이다. 거기에다 현존 작가 중 그림값이 가장 비싼 화가로 알려진 서양화가 김형근이 살던 집이 그때 그 모습대로 고스란히 남아 있는 역사와 문화가 살아 숨 쉬는 마을이다.

일찍이 이 마을에 살면서 원예에 조예가 깊었던 신몽초 영감님 덕택으로 지금은 온 동네가 화훼마을이 되었다. 거의 대부분의 주민들은 묘목이나 과일을 팔아 살림을 불리었고 마을 앞에 있는 공동지선에서 채취하는 해산물을 팔아 아주 여유 있고 풍요로운 삶을 살아가는 정말 아름다운 마을이다.

나는 1981년 7월 1일 통영군 산양면사무소(현재 통영시 산양읍)에 첫 발령을 받은 이후 1993년 3월 10일 통영군으로 발령받을 때까지 약 12년 동안 이곳에서 근무하였다. 태어난 곳 또한 이곳 산양이면서 외가가 가는개 마을이다. 따라서 이 마을에 엄청난 이야기와 유·무형의 자산이 묻혀 있다는 사실을 누구보다도 잘 알고 있었다. 그러나 내가 근무하고 있는 부서는 통영시 기획예산담당관실로 직접 마을 만들기 업무를 다룰 수 없는 부서였다. 늘 조금만 노력한다면 이 마을이야말로 전국에서 가장 아름답고 살기 좋은 마을로 꾸밀 수 있겠다는 생각만 했었지 직접 일을 할 수 없어 안타까움만 더하고 있었다.

그러던 2012년 1월 어느 날, 당직을 마치고 아침 일찍 휴무를 위해 귀가하다가 아침 안개에 휩싸인 가는개 마을 풍경을 보고 넋을 잃고 말았다. '아, 바로 이것이구나' 하며 무릎을 쳤다. 그길로 나는 '색깔과 이야기가 있는 가는개 마을 - 녹색 농어촌체험마을 조성 계획'을 수립하기 시작했다. 며칠간의 현장 답사를 통해 A4용지 32쪽에 이르는 계획을 완성하고 맨 먼저 시장님께 보고 드리고 적극 지원해 주실 것을 청원하였다.

　이어서 마을 이장과 유지 몇 분을 만나 구체적인 계획을 설명하고 동의를 구했다. 마침 그들은 익히 나를 잘 알고 있는 터이라 이구동성으로 본 계획에 동의하며 마을 발전을 위해 노력해 달라고 부탁하였다.

　드디어 2012년 3월 마을회관에서 전 주민을 대상으로 설명회를 개최하였다. 마을이 좋아진다는 이야기에 마을 주민 대다수가 동의하였고 녹색 농어촌체험마을 만들기 운영위원회를 구성하고 정관

제정은 물론 위원 명단을 확정하였다. 연이어 통영시 관계 공무원들과 마을 주민들이 마을 둘레길을 현장 답사하였고 이러한 사실들이 차츰 언론을 통해 보도되었다. 2012년 7월 23일 통영길 문화연대에서 마을 둘레길을 탐방하겠다며 해설을 부탁해 오기도 했다. 근무 중인데도 연가를 내어 하루 종일 이들과 함께 마을 구석구석과 둘레길을 돌며 마을에 얽힌 이야기는 물론 앞으로의 마을 만들기 계획을 신들린 듯 이야기해 주었다.

물론 이때까지는 행정기관에서 공식적으로 사업을 시작할 단계는 아니었다. 기획자와 마을 주민 공동으로 실행계획을 수립하는 단계였다. 그러던 어느 날 평소 친분이 깊던 통영연극예술축제위원회 장영석 고문으로부터 전화 연락이 왔다. 사량면 능양 문화공동체마을 만들기 성공신화를 이룩한 이후 경남문화재단(현 경남문화예술진흥원) 공모사업으로 새로운 문화공동체마을 대상지를 찾던 중 1차 용남면 동달마을을 대상지로 생각하고 있다는 것이었다. 나는 즉시 이들을 만나 '색깔과 이야기가 있는 가는개 마을 - 녹색 농어

촌체험마을 조성 계획'과 현재까지의 추진상황을 설명하며 대상지를 변경해 줄 것을 강력 요구하였다. 설명을 들은 그들은 이구동성으로 본 제안에 동의하였다.

만남이 운명을 좌우하듯이 이들과의 만남은 이미 성공을 예견하고 있었는지도 모른다. 사업 설명을 위해 2012년 4월 통영연극예술축제위원회 관계자와 마을대표들과의 간담회를 가졌다. 대다수의 주민들이 동의함으로써 가는개 마을이 경남문화재단의 공모사업에 선정되어 2012년 6월 마을 주민을 대상으로 사업설명회를 개최하고 '색깔과 이야기가 있는 가는개 공동체 문화마을' 사업이 착착 진행되었다.

그러는 사이 2012년 7월 27일 김동진 통영시장이 참석한 가운데 전 주민이 모여 통영시 녹색농어촌체험마을 지정에 따른 현판식을 가졌다. 한편 통영연극예술축제위원회에서는 수많은 노력 끝에 마을 주민들이 직접 시를 짓고 이를 주제로 2012년 10월 7일 마을에서 '문학집 출판기념 가는개 문학축제'를 개최함으로써 온 동네에 가을과 함께 시의 향기가 퍼졌다. 이의 여세를 몰아 주민들이 배우가 되어 2012년 10월~11월까지 혹독한 연습을 거쳐 마을의 설화를 바탕으로 만든 〈쟁이 할미요〉를 2012년 12월 19일 시민문화회관 대극장에서 시민들에게 선보였다. 이 세상에 태어나 처음 해보는 연극의 대사를 외우는 것이 쉬운 일이었겠는가? 몇 번이나 포기하려는 주민들을 설득하고 또 설득했다. 고생 끝에 보람이 찾아오듯이 시민들은 아마추어 주민 배우들을 프로 배우에 버금가는 명연기자라며 아낌없는 찬사를 보냈다. 통영연극예술축제위원회에서 수행한 '2012년 가는개 공동체 문화마을 만들기 사업'은 이로써 완성되었다.

2012년에 이어 2013년에도 가는개 마을에는 복이 터졌다. 통영시보건소가 권역별로 시행하는 건강플러스 행복플러스사업에 산양읍이 선정되면서 가는개 마을이 금연 시범마을로 지정되었다. 2013년 6월 8일 산양읍건강위원회 주관 통영연극예술축제위원회 후원으로 마을 물량장에서 많은 시민들이 모인 가운데 금연선포식과 둘레길 걷기 대회, 작은 음악회, 체험행사 등이 열려 또 한 번 가는개 마을을 홍보하였다.

또한 농업기술센터에서는 가는개 마을을 건강장수마을로 지정하여 2013~2015까지 1억 5천만 원의 사업비를 투자하여 주민 소득창출, 경로당 리모델링, 각종 건강 프로그램 운영 등의 사업을 추진하고 있다. 한편 농축산식품부에서 주관하는 창조적 마을만들기 사업에 공모하여 현재 심사 중에 있다. 창조마을에 선정되면 2015~2016

까지 5억 원의 사업비를 투자하여 마을 주차장 등 기반 조성에 투자할 계획이다.

경남문화예술진흥원이 주관하는 '2013 지역문화예술 기획지원 사업'에 다시 선정되어 2013년 한 해에도 많은 사업성과를 거두었다. '쟁이 이야기 담벼락 가는 길 조성' 사업의 일환으로 마을 입구 솟대 설치, 공동우물, 빨래터 등 마을 내 명소에 안내판을 세웠다. 뿐만 아니라 장인들의 흔적이 남아 있는 곳에는 설명판을 세우고 마을 주민들이 지은 시를 소재로 벽화도 그렸다. 이러한 사업들을

수행하면서 주민들은 틈틈이 공연연습을 실시하였다. 그야말로 피나는 주경야독이었다. 낮에는 저마다 생업에 열중하고 밤에는 공연연습에 매달렸다.

2013년 12월 5일 시민문화회관 대극장 무대에 오른 노래극 〈나붓등〉은 가는개 마을에서 일어난 실화를 기반으로 만든 작품이다. 가난한 주인공이 나붓등에 부친 묘를 쓰고 그 앞바다에서 금궤를 건져 올려 벼락부자가 되어 승승장구하다가 천재지변으로 몰락하는 이야기를 그렸다. 극단벽수골 전문 배우와 마을 주민이 함께 머리

를 맞대고 노래극을 만들었고, 무대에도 같이 올라 공연을 펼쳤다. 공연을 본 주민들은 너나 할 것 없이 가는개 마을 주민들에게 큰 박수를 보냈다.

나붓등이란 나비 동산의 또 다른 말로 가는개 마을에 있는 산 이름이다. 두 개의 산등성이 가운데 잘록하게 연이어진 모양이 마치 나부(나비의 방언)처럼 생긴 것에서 유래해 붙여진 산 이름으로, 한자어로 '호접등'이라 불리기도 한다.

12월 7일에는 통영연극예술축제위원회와 주민들이 함께 시행한 '2013 지역문화예술 기획지원 사업'을 완수한 기념으로 '가는개 마을 작은 축제'를 열었다. 조용했던 전원마을에 문화의 옷까지 입혔으니 온 동네에 문화의 향기가 스며들었다.

사업 시작 3년째, 2014년에도 주민들이 배우가 되어 '처녀바위'를 극화하여 11월경 무대에 올리고 주민들의 삶의 애환을 시로 옮기는 작업을 계속한다. 이 외에 화가 김형근이 살던 골목길 조성사업 등을 계속사업으로 진행할 계획이다.

옛말에 '구슬이 서 말이라도 꿰어야 보배'라는 말이 있다. 마을 곳곳에 산재해 있는 여러 이야기들을 시로 짓고 공연으로 만들고 담벼락에 문화의 향기를 불어넣어 마을 주민들로 하여금 긍지를 지니도록 하기까지 주민들의 힘도 컸지만, 통영연극예술축제위원들의 노력이 아니었다면 어림없는 일이었다. 특히 본 아이템에 적극 동의하고 적극 지원해 준 경남문화예술진흥원, 한국문화예술위원회 관계자에게도 깊은 감사를 드린다.

전국의 살기 좋은 부자마을은 몇 가지 공통점을 지니고 있다. 물론 그 지역 주민의 역량을 결집할 수 있는 마을의 리더와 행정의 전폭적인 지원도 필수불가결한 조건이지만 가장 중요한 것은 마을 만들기의 주인은 바로 지역주민이라는 것이다. 지역주민이 마을 사업에 동참하지 않는 한 성공하기 어렵다는 것은 다 아는 사실이다.

가는개 마을은 다행히 무궁무진한 천혜의 자연조건을 두루 갖춘 데다 인적자원까지 갖춘 마을이다. 마을을 떠났던 고향 사람들이 조건 없이 귀향하여 마을 사업에 참여하고 있다. 여기에는 전직 교육장과 공무원 퇴직자들이 포함되어 있고 또한 가는개 마을의 아름다움에 반해서 이사를 들어오는 사람도 부쩍 늘었다. 물론 최근 바다를 끼고 계속해서 펜션이 늘어남으로써 입주민과 원주민과의 대립이 생길 수도 있지만 이들도 마을 구성원이라 모두 안고 가겠다는 마을 원주민들의 아량으로 별 문제가 되지 않는다.

'지역이 미래다.' 는 말을 믿는다. 보여주기 식의 마을 만들기가 아니라 일상생활을 하는 가운데 마을을 아름답게 꾸미고 또 무언가 소득 창출을 위해 일하면서 건강까지 챙길 수 있도록 마을 공동체를 만들어 가는 것이다. 색깔과 이야기가 있는 마을 조성사업을 계획한지 겨우 2년이 지났다. 모든 구성원들이 서두르지 말고 천천히 주민과 함께 색깔 있는 마을 만들기에 동참한다면 오래지 않아 전국에서 가장 아름답고 살기 좋은 마을이 될 것이다.

part 04

깃발
— 문학의 도시 통영에 문학동아리 하나 없어서야

소설가 유익서의 《한산수첩》
— 동피랑 작가촌 대신 한산도로 간 소설가

문화지도 《예향 통영》
— 예술인과 문화명소를 찾아서

《통영과 이중섭》 그리고 〈이중섭의 아내〉
— 책 한 권의 인연으로 통영에 온 사카이 감독

《문화재의 얼굴》
— 안내판 문안 어떻게 다듬을 것인가?

65년 만에 부활한 《산양읍지》
— 기록은 아름다우나 마음은 괴롭다

유익서의 "한산수첩" 출판기념회
기간 2012. 8.3[금] 14:30
주최 한산면주민자치위원회/통영시공무원문학회

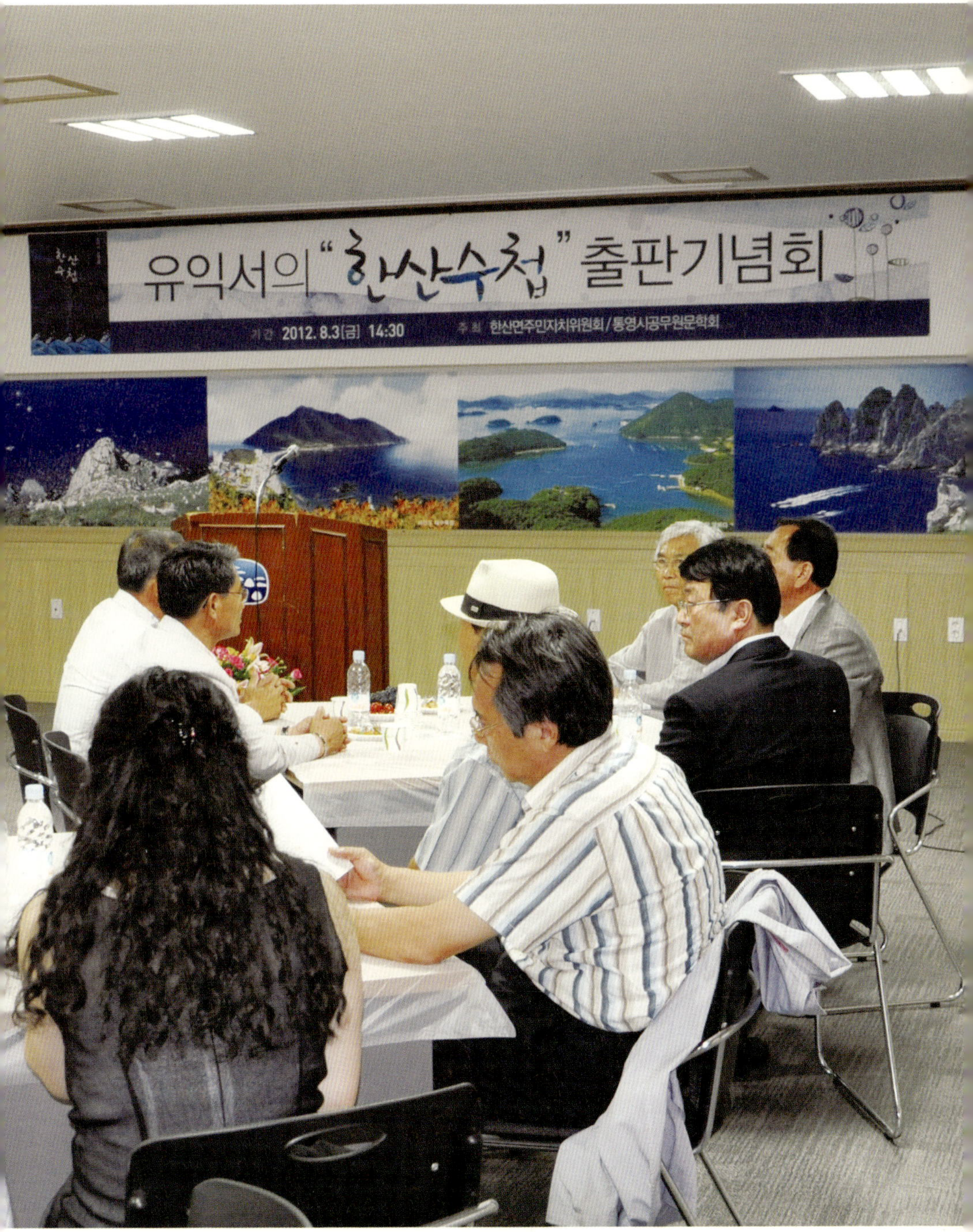

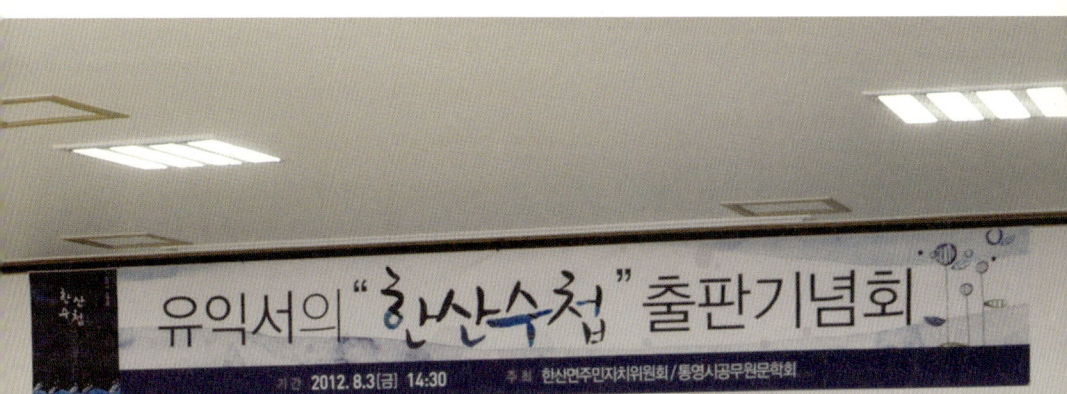

part 04 | 깃발
―문학의 도시 통영에 문학동아리 하나 없어서야

월드컵의 영광, 그 6월의 함성이 한참 울려 퍼지던 2002년 어느 날 통영시청 강당에서는 멋진 깃발 하나가 천천히 게양되고 있었다.

"녹음이 싱그러움을 더해 가는 희망찬 계절을 맞아 《깃발》 창간호가 첫선을 보입니다. 참으로 보람차고 가슴 뿌듯합니다. 우리는 통영을 소개할 때마다 문화예술의 거장들을 헤아릴 수 없이 배출한 예향의 고장이라고 거리낌 없이 말해 왔습니다. 수많은 문화예술단체들이 향토문화예술 진흥을 위해 땀 흘려 일해오고 있지만, 정작 8백여 명의 공무원들이 근무하고 있는 우리 시에 문학동아리 하나 없음을 늘 아쉬워해 왔습니다."라며 박 회장의 인사말씀이 끝나자 출판기념식에 참여한 내외 귀빈들이 우레 같은 박수를 보내고 있었다. 충무시, 통영군의 역사를 통틀어 공무원들이 틈틈이 습작한 작품을 한 권의 책으로 엮어 냈다는 이야기는 들어보지 못했다. 시사市史에 길이 남을 값진 일이었다. 스스로 벅찬 마음 가눌 길 없어 한 줄기 뜨거운 눈물이 흐르고 있었다. 행복한 순간이었다.

몇 년 전 통영에서 개강한 창신대학 평생교육원 문예창작과정은 우리에게 배움의 기쁨이 어떤 것인지 깨달을 수 있게 해 주었다. 이 기쁨을 혼자 만끽할 것이 아니라, 직장 동료들과 함께 나누고 싶었다. '의령군 공무원들이 공무수행 중 틈틈이 습작한 글을 한데 모아 책으로 발간했는데, 이의 비용을 군이 전액 지원해 주었다' 는 언론 보도에 용기를 얻었다. 여러모로 보아 문학과는 거리가 먼 것 같은 의령군이 하는 일을 우리가 못할 일이 없었다.

등단한 문학의 대선배님을 찾아 문학동아리 결성의 당위성을 설명하는가 하면, 본 과정을 이수한 동료 직원과 문학에 관심 있는 동료들에게 문학동아리 하나 결성해 보자고 매달렸다. 2001년 6월 드

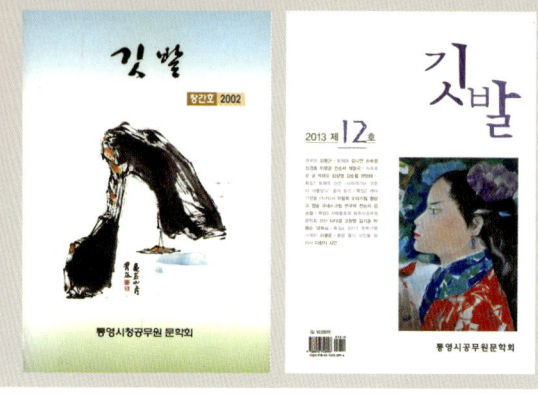

디어 뜻이 같은 동료 직원 열네댓 명이 모여 '깃발'이라는 문패를 달고 통영시청공무원문학회를 결성하기에 이르렀다. 이어 발간한 창간호는 일 년 만에 올린 쾌거의 깃발이었다.

한 권의 책을 만들어 세상에 내놓는다는 것이 얼마나 힘든 일인지 미처 몰랐다. 설익은 열매를 수확한 것 같아 한없이 부끄러웠다. 일이나 열심히 하지, 웬 쓸데없는 짓을 했느냐며 손가락질하는 것 같아 부담스럽다는 회원들의 말은 나를 더욱 김빠지게 했다. 아무도 가지 않은 새로운 길을 간다는 것은 언제나 힘들고 어려운 일이다.

맞춤법, 띄어쓰기는 물론 적절한 어휘를 구사해 간결하고 알기 쉽게 잘 다듬어진 공문을 받아보는 것은 시민의 권리다. 문맥도 맞지 않고, 한글맞춤법에도 어긋난 공문서를 보내 시민으로 하여금 이를 고쳐 읽는 부담을 준다면 우리의 주인인 시민에 대한 예의가 아니다. 아름답고 세련된 글을 쓰는 것은 우리의 임무다. 동아리 활동이 자아를 발견하고 시민들에게 다가가는 일이다' 며 회원들에게 용기를 북돋우고 더욱 열심히 습작활동을 하도록 견인차 역할을 하는 것도 나의 몫이었다. 이런 것이 예향 통영의 자긍심이리라. 21세기는 문화의 시대다. 지방이 문화화되려면 문화마인드를 가진 공직자가 많아야 함은 두말할 나위 없다. 곳곳에 문화의 향기가 진하게 배어 있는 도시에서 살고 싶은 것이 문화시민이다. 오늘도 문화의 깃발을 높이 들고 시민들의 맨 앞장에 서고 싶다.

2001년 7월 20일 창립 이후 그동안 통영시공무원문학회에서는 단

한 번도 그르지 않고 12권의 《깃발》 동인지를 발간하고 전국의 문화도시를 찾아 문학기행도 다녔다. 특히 2002년 제발로 걸어 보아야 제 고향을 사랑할 수 있다며 나선 15일간의 '통영사랑 도보여행'은 물론 같은 해 9월에 있었던 원주의 박경리 선생을 찾아 문학기행을 떠났던 일은 지금도 잊을 수 없다. 이런저런 출판기념회에도 참여했고 통영을 빛낸 문화예술인들의 추모제에도 빠짐없이 참여했다. 또한 각종 시비, 동상 건립 등 시민문화운동에도 솔선 참여함으로써 공무원으로서 모범을 보였다.

특히, 박경리 선생의 제2의 고향이기도 한 원주시공무원문학회와 자매결연을 통해 문학교류는 물론 양 도시 간 우호협력을 위해 최선을 다하고 있는 것은 정말 의미 있는 일이다.

책의 품격을 더하도록 표지화를 준 청곡 차우용(2002, 창간호), 서유승(2003, 2호), 진의장(2004, 3호), 정종근(2005, 4호), 도정 김안영(2006, 5호), 전혁림(2007, 6호), 황진(2008, 7호), 도정 김안영(2009, 8호), 이인우(2010, 9호), 설희숙(2011, 10호), 서숙희(2012, 11호), 해리 김형근(2013, 12호) 등 우리 지역을 대표하는 화가들에게 다시 한 번 더 깊이 감사드린다. 권두언과 좋은 작품을 주신 고동주 전 시장님을 비롯한 김성우, 정해룡, 박태주, 박건오 선생께도 고맙다는 인사를 드린다.

차츰 시대가 변하고 있다. 인문학이 사라진 시대에서 공부한 후배들이 공직생활에 입문하고 있다. 시험 점수는 잘 따는 데 글을 읽고 쓰는데 영 관심이 없는 후배들이 우리의 대를 잇고 있다. 신규 회원 한 명 영입하는 것은 하늘의 별따기다. 온갖 어려움을 무릅쓰고 지켜온 동아리인데 앞날이 걱정이다. 또 다른 후배들이 이를 이어받아 통영시가 존재하는 그날까지 이 아름다운 깃발이 펄럭이길 기대한다.

part 04 | 소설가 유익서의 《한산수첩》

— 동피랑 작가촌 대신 한산도로 간 소설가

2009년 9월 어느 날 사무실로 전화 한 통이 걸려왔다. 자기를 소설가라 소개하며 인터넷에서 동피랑 작가촌 입주자를 모집한다는 내용을 보고 전화를 했다는 것이다. 마침 그때는 강석경, 이제하 등 작가들이 이미 입주를 마친 상태였다. 다른 직원이 전화를 받아 "입주자 선정이 끝나 곤란하다"며 전화를 끊었다면 아마 그것으로 인연은 끝났을 것이다. 전화를 받으면서도 인터넷에서 소설가 유익서를 검색했다. 〈소리꽃〉이라는 소설을 쓴 중견 작가로 한국일보와 중앙일보 등 두 곳의 신춘문예에 당선된 소설가라는 것을 단번에 알 수 있었다. 놓치고 싶지 않았다.

"동피랑 창작 공간 입주는 이미 끝났지만 선생님이 원한다면 통영의 적당한 곳을 알선해 드릴테니 통영에 와 작업을 하시겠느냐"고 물었더니 적당한 곳을 알아봐 달라며 전화를 끊었다. 비어 있는 구 한산면 보건지소를 염두에 두고 한산면사무소 안길이 계장에게 전화를 걸어 상황을 물었다. 마침 건물이 비어 있단다. 즉시 현장을 답사한 이후 유익서 선생에게 전화를 걸었다.

섬이라 약간의 교통이 불편한 것 말고는 조건이 아주 좋다며 적극 권유하자 현장을 본 이후 결정하겠다는 답변이 왔다. 얼마 후 선생께서는 현장을 둘러보고 더 이상 좋은 곳은 없다며 무척 흡족해 했다. 우리 시에서 10월 한 달 동안 수리를 하고 같은 해 11월 3일 양평에서 이곳으로 작업장을 옮겼다. 그 인연으로 지금도 계약 연장이며 화재보험 가입 등 각종 잔심부름은 내가 다 해결해 드리고 있다.

한산도 생활에 빠르게 적응하면서 인생에 있어 지금처럼 행복한 때는 일찍이 없었다며 창작혼을 불태우고 있다. 때로는 서울로 통영으로 짬짬이 강의도 나가면서 창작에 매달렸다. 그러던 중 2012

년 어느 날 회계부서에서 느닷없이 보건지소 건물을 매각해야 한다며 소설가에게 집을 비워달라고 했단다. 깜짝 놀라 자초지종을 알아보았더니 정말이었다.

"화천군에서는 춘천에 둥지를 틀고 있는 소설가 이외수를 모셔다가 한 고을을 이외수 공화국으로 만들었다. 소설가 성석제(52) 씨는 2012년 포항시로부터 신작 소설에 포항 사투리를 넣는 조건으로 1억 원의 집필 지원금을 받았다. 경상북도와 포항시가 공동으로 진행한 '문화스토리발굴사업'의 일환으로 소설이 널리 읽히면 포항에 대한 간접홍보 효과가 있는데다 문화관광 콘텐츠로 활용할 수 있다는 의도였다. 장편〈단 한 번의 연애〉는 이런 배경에서 탄생했다. 우리는 창작 지원금은 못 주더라도 작가를 홀대해서는 안 된다. 자발적으로 들어와 건물 사용료를 꼬박꼬박 내며 통영을 소재로 끊임없이 작품을 쓰고 있는 소설가의 집필실을 판다는 것은 말도 안 된다."며 담당과장과 실무자를 설득했다. 소설가가 스스로 나가지 않는 이상 이 건물을 매각하지 않기로 약속했다. 천만다행이었다. 소설가도 이 소식을 듣고 얼마나 기뻐했는지 모른다.

작가는 한산도에서 작업을 시작한 지 만 3년 만에 한산도를 배경으로 쓴 소설 8편을 묶어《한산수첩》을 펴냈다. 이 경사스러운 일을 축하하기 위해 2012년 8월 3일 출판기념회를 기획했다. 물론 행사의 주최는 한산면주민자치위원회가 맡고 후원은 통영시공무원문학회가 맡았다. 번거롭다며 두 번 세 번 만류하는 선생님의 의사를 뿌리치고 조촐하나마 출판기념회를 해 드리는 것이 도리인 것 같았다. 지역의 기관장을 비롯한 많은 면민들, 그리고 공무원문학회 회원들이 자리를 함께하여 진심으로 축하했다.

이날 유익서 선생은 "앞으로 3년 동안 더 머물면서 작품 활동을

계속하겠다. 이렇게 성대한 자리를 베풀어 주신 한산면민 여러분께 깊이 감사드린다."며 감격했다. 최성기 한산면 주민자치위원장은 "이곳 한산도와는 아무런 관련도 없는 소설가 선생님께서 3년 동안이나 묵묵히 우리 지역 곳곳을 다니면서 우리 고향을 전국에 소개한 그 노고에 조금이나마 보답하고자 이런 조촐한 자리를 마련하게 되었다"면서 한산면민들의 고마운 뜻을 담은 감사패도 전달했다.

"여러분께서도 잘 아시다시피 21세기는 문화의 시대라고 합니다. 흙과 생명의 작가라 일컫는 박경리 선생의 이름 하나로 우리는 통영을 당당히 문학의 도시라고 말합니다. 저 오지 중의 오지 강원도 화천군 정갑철 군수는 인근 춘천에서 작품 활동을 하고 있던 소설가 이외수를 화천군으로 모셔다가 전액 군비를 들여 집도 지어주고 강의실도 지어 줌으로써 수많은 사람들이 찾는 명소가 되었다는 이

야기를 들어본 적이 있을 것입니다.

 소설가 유익서 선생님께서는 3년 전부터 비어 있던 이곳 옛 한산면보건지소에 거처를 마련하고 열심히 소설을 써 왔습니다. 당신 스스로 이 섬에 들어와 이곳 한산도를 배경으로 장장 여덟 편의 소설을 써서 세상에 펴냈다는 것은 정말 놀라운 일입니다. 한산도가 생긴 이래 전무후무한 일이라 생각합니다. 여러분 선생님께 큰 박수 한 번 보내 주시기 바랍니다.

 역사의 섬 한산도를 위해 이토록 뜻깊은 일을 하신 선생님께 보답할 방법이 무엇이겠습니까? 선생님께서는 더운 여름에 번거로운 일을 하지 않았으면 좋겠다며 굳이 사양함에도 불구하고 조촐한 자리를 마련하였다는 점을 말씀드리고자 합니다. 우리는 뜻밖에도 유익서 작가님을 통해 한산도에 산다는 것이 더욱 자랑스럽습니다. 우리 시에서도 작가의 뜻을 받들어 3년간 이곳에서 소설을 쓸 수 있도록 배려하였습니다. 고맙고 감사한 일입니다.

 앞으로도 더욱 건강한 모습으로 한산도를 더 사랑해 주시고 더 좋은 작품 남겨 주시리라 믿으며 이만 인사말씀에 가름합니다. 대단히 감사합니다."며 공무원문학회장으로서 인사했다.

 이후 우리는 통영의 전도사 역할을 다하고 있는 유익서 선생을 통

영 명예시민으로 추천했고 2012년 10월 5일 제18회 시민의 날을 맞아 수많은 시민들이 지켜보는 가운데 명예시민증을 받았다. 지금까지 받은 상 중에 이처럼 고귀하고 값진 상은 없다며 좋아하던 선생님의 모습을 지금도 잊을 수 없다. 올해에는 옻칠그림과 통영의 나전칠기를 소재로 장편 소설을 펴내기 위해 구슬땀을 흘리고 있다.

소설가 유익서는 부산 출신으로 중앙대 국문과와 동아대 법학과를 거쳐 1974년 한국일보 신춘문예에 단편 〈부고〉, 1978년 중앙일보 신춘문예에 단편 〈우리들의 축제〉로 등단한 후 고도의 상징과 알레고리로 시대상황을 비춰낸 〈비철이야기〉 등 다수의 소설을 세상에 내놓았다. 대한민국 문학상 신인상, 이주홍 문학상, PEN문학상, 성균관문학상 등을 수상했으며 동아대학교 문예창작과 교수, 단국대학교 대학원과 서울시 교육청 문화센터에서 소설을 강의하기도 했다. 이러한 저명한 소설가가 스스로 원해서 들어와 그 지역을 무대로 소설을 쓰고 있다는 그 자체만 해도 엄청난 값어치가 있다는 것을 알아야 한다.

예향 통영
예술인과 문화명소를 찾아서
통영문화지도

통영이 예향인 것은 자유와 창조정신을 가진 전국의 장인들, 그들 후손들의 피가 이 땅 통영에 아직 숨 쉬고 있는 까닭인 것이다. 장인의 기질을 가졌다고 하여 다 꽃을 피울 수 있는 것은 아니다. 그것은 통영과 같은 천혜의 자연경관이 뛰어난 곳에서라야 가능한 일이다.

통영시 | 318면 | 46배판변형 | 비매품

part 04
문화지도
《예향 통영》
― 예술인과 문화명소를 찾아서

통영은 문화예술의 보물창고다.

나전칠기의 명장 김봉룡, 한국 현대 연극계의 대부 동랑 유치진, 깃발의 시인 청마 유치환, 통영 최초의 서양화가 김용주, 현대음악의 거장 윤이상, 언어의 마술사 소설가 김용익, 봉선화의 시인 초정 김상옥, 꽃의 시인 김춘수, 흙과 생명의 작가 박경리, 색채의 마술사 전혁림·이한우·김형근, 나전장 송방웅, 칠예가 김성수, 조각가 심문섭 등 한국의 대표 작가들이 모두 통영 출신이다.

통영세병관, 삼도수군통제영, 한산도 이충무공유적지, 통영충렬사 등 유형문화재를 비롯하여 두석장, 소목장 등 12공방과 승전무, 통영오광대, 남해안별신굿 등 무형문화재가 전국에서 가장 많은 곳 또한 통영이다.

차를 버리고 정겨운 골목길을 따라 돌다보면 찬란했던 300여 년의 통제영 유적지가 곳곳에 남아 있는가 하면 유명예술인들의 치열했던 삶의 흔적과 창작혼이 고스란히 남아 있다. 김약국 집에서 용옥이 금방이라도 뛰쳐나올 것만 같고 거리를 걸으면 걸을수록 아름다운 상념이 떠올라 무언가 좋은 일이 생길 것 같은 예감이 든다.

"지도가 없는 것은 땅이 없는 것이다. 길이 없는 것이다. 문화지도가 없다는 것은 문화가 매몰된 것이고 주소를 잃은 것이다. 문화지도의 작성은 문화의 흙을 털어내는 일이요 문화에 문패를 달아 주는 일이다."라고 김성우는 우리에게 문화지도의 중요성을 역설했다.

늦은 감이 없지 않지만 예인들의 생가, 기념관, 미술관, 문학관, 작업실, 시비, 동상, 문화재 등을 한눈에 볼 수 있도록 문화지도를 제작해 세상에 내놓는다. 이 지도 한 장 들고 나서면 못 찾아갈 곳도 없다. 예술인들이 태어난 생가와 작품의 무대에 서면 여러분들도 시인이 되고 화가가 되고 소설가가 될 것이다.

집필을 맡아 주신 정해룡 시인과 감수를 해 주시고 자문해 주신 김성우 명예시인, 사진을 촬영해 주신 사진작가 유태수 님께도 감사드린다.

―2010. 가을에 통영시장

위 글은 《예향 통영 – 예술인과 문화명소를 찾아서》라는 책의 머리말이다. 2010년 가을, 책이 나오자마자 전국에서 주문이 쇄도했다. 매일 책 우송하는데 시간을 다 보낼 정도로 찾는 이가 많았다. 결국 책은 채 6개월도 되지 않아 동나고 말았다. 책의 내용 중 화실, 아틀리에 등은 작가를 소개하기보다는 관광객이 작업장을 관람할 수 있는 장소(작업장) 위주로 선정했다. 일부 작가들이 본인이 누락되었다며 항의하는 바람에 곤욕을 치른 것 외는 대체로 만족할 만한 귀중한 책이다. 일찍이 이러한 책이 없었다는 것이 이상할 정도로 반응이 좋았다.

초판 당시 누락된 시설을 비롯하여 그동안 새로 개관한 기념관 등 누락된 자료를 찾아 2014년 봄에 증보판을 발행했다. 이 책은 통영의 예인을 비롯하여 각종 시비, 동상, 명소, 문화재 등을 쉽게 찾아볼 수 있도록 지도와 함께 실었다. 현장감을 북돋우기 위해 올 컬러로 편집한 340페이지의 방대한 문화지도라 할 수 있다.

《세계의 문학기행》을 쓴 김성우 선생은 "지도가 없는 것은 땅이 없는 것이고 길이 없는 것이다. 문화지도가 없다는 것은 문화가 매몰된 것이고 주소를 잃은 것이다. 아무리 빛나는 문화가 있어도 묻혀버리면 광망光芒은 사라지고 어디 있는지를 모르면 없는 것이나 마찬가지다. 문화지도의 작성은 문화의 흙을 털어내는 일이요 문화에 문패를 달아주는 일이다"며 나를 만날 때마다 통영의 문화지도에 대해서 말씀하셨다.

　나의 뇌리 속에서는 늘 이 주문이 각인되어 언젠가는 이를 기획해야 하겠다고 생각하고 있었다. 지금까지 고작 있다고 해보았자 관광파트에서 만든 관광화보나 관광 리플릿 정도였다. 이는 어느 곳에나 다 있는 그렇고 그런 홍보지이다.

　지방자치단체 중 유·무형의 문화유산이 가장 많다는 우리 시에 근사한 문화지도 하나 없다는 것은 정말 부끄러운 일이었다. 선생님을 만날 때마다 부끄러워 낯을 들 수가 없었다. 2010년 문화예술계장으로 재직할 때 꼭 이 일만은 이루고야 말겠다는 생각으로 '문화지도 제작계획'을 수립하고 필요한 3천만 원의 예산을 확보하는 한편 집필자를 섭외하는 등 책 제작에 심혈을 기울였다.

　우리나라에는 유수한 여행 작가들이 활동하고 있지만 통영에 거주하는 향토 작가야말로 속살까지 다 알 것이라는 믿음으로 집필자는 당시 예총 회장을 지내고 시인이었던 정해룡 회장을 선임하고 사진은 유태수 작가가 맡도록 섭외했다. 물론 내가 가지고 있던 각종 자료들도 조건 없이 집필자에게 건네주었다. 그렇게 많은 예산은 아니었지만 예향 통영의 문화지도를 제작하는 의미 있는 일에 동참한다는 생각으로 열정을 다 쏟아주신 두 분께 깊이 감사드린다. 아울러 좋은 책을 만들기 위해 심혈을 기울여 주신 디자인시티 박영선 사장에게도 감사드린다.

　걷기 돌풍이 불고 있는 요즘 통영시민이면 누구나 이 책 한 권 구해 들고 역사의 현장을 답사함으로써 예향 통영인으로서의 자부심을 갖기를 권한다.

part 04

《통영과 이중섭》 그리고 〈이중섭의 아내〉

— 책 한 권의 인연으로 통영에 온 사카이 감독

2013년 11월 5일~11월 6일 이틀간 통영에서는 의미 있는 한 편의 영화 촬영이 있었다. 이중섭의 아내 이남덕 여사를 주인공으로 한 러브스토리 〈이중섭의 아내〉라는 다큐멘터리 영화로 일본의 사카이 감독이 마이크를 잡았다. 6·25난리 통에 통영으로 온 이중섭이 통영 풍경에 반해 허름한 캔버스 하나 들고 수없이 찾았을 법한 동피랑과 서피랑, 항남동 골목길을 찾아 그의 혼을 카메라에 담았다.

젊은 감독은 "이중섭이 왜 통영에서 그토록 많은 그림을 그렸는지 금방 알 것 같다"며 통영 사랑에 빠졌다. 물론 이중섭이 가족과 함께 통영생활을 한 적은 없지만 40이라는 짧은 삶을 살다 간 이중섭에게 통영은 남다르다. 통영시절은 이중섭의 생애에서 가장 화려하고 찬란했던 그의 르네상스였다.

전쟁의 고통을 이기지 못해 제3송환선 편에 실려 일본으로 가족을 떠나보낸 이후 그렇게 그리던 가족을 만나도록 주선해 준 인물들도 모두 통영 사람들이었다. 선원증을 발급받아 일본으로 떠난 곳도 통영항이었다. 부산에서 막노동을 하며 끼니를 때우던 이중섭을 통영으로 데리고 온 사람은 그의 동향인이면서 경상남도 나전칠기기술원양성소 주임강사로 있던 염색공예가 유강렬이었다.

암울했던 조국이 광복되자마자 통영에는 유치환, 정명윤, 김용기, 전혁림, 윤이상, 김상옥, 김춘수 등 수많은 예술가들이 구름처럼 모여들었다. 그들은 통영문화협회를 조직하고 한글강습을 비롯하여 다양한 문화 활동을 펼쳤다. 통영으로 온 천재화가를 알아보고 그를 후원했던 사업가들, 또 그와 교유하며 그를 도왔던 예술인들 모두 통영 사람들이었다. 통영 출신의 기라성 같은 예인들의 명성에 묻혀 조명받지 못한 이중섭이었지만 당시의 많은 통영인들은 대번에 그의 천재성을 알아보고 음으로 양으로 그를 위대한 예술가로 키웠던 것이다. 물론 첫 피난생활지였던 부산, 1년 동안 가족과 함께 피난생활을 했던 서귀포, 그의 생을 마감했던 서울 등지에서도 촬영이 이루어졌지만 그의 예술혼이 가장 깊고 짙게 서려 있는 곳은 역시 통영이다.

찌는 듯한 더위가 기승을 부리던 지난여름 어느 날, 나는 2013 을지연습에 참가하고 있었다. 인터넷에서 자료를 검색하던 자신의 눈을 의심하지 않을 수 없었다. 이중섭의 아내를 주제로 한 다큐멘터리 영화를 제주도에서 촬영한다는 제주연합뉴스의 기사가 눈에 꽂혔다. 통영에서 영화를 촬영한다는 말은 고사하고 통영이라는 지명 한 번 거론되지 않고 기사는 끝나고 있었다. 도대체 통영을 빼고 어떻게 〈이중섭의 아내〉라는 다큐영화를 촬영할 수 있단 말인가. 어불성설이다. 곧바로 제주 촬영을 지원하고 나선 제주영상위원회에 전화를 걸어 상황을 파악하는 한편, 일본의 영화제작사 우즈마사를 인터넷에서 검색하여 결국 사카이 감독에게 항의하기 시작했다. 통영생활의 중요성에 대해 충분한 설명을 하고 통영에서도 영화를 촬영해달라는 부탁을 해 보았지만 소용없는 일이었.

영화의 주제가 아내 이남덕 여사의 이중섭 사랑에 대한 이야기이므로 통영 촬영은 생각해 보지도 않았고 앞으로 검토할 대상이 아니라는 것이다. 이 얼마나 답답한 노릇인가. 이중섭이 있었기에 아내가 있었고 통영이 있었기에 이중섭의 예술이 있었던 것이라며 포기하지 않았다. 《통영과 이중섭》이라는 책자를 일본으로 보내고 영화의 주제가 이중섭이건 이중섭의 아내이건 이 영화에서 통영을 빼면 제대로 된 영화가 될 수 없다며 재차 설득에 나섰다. 끈질긴 설득에 못 이겨 제작진들과 논의해보겠다는 답변이 온 이후 보름 만에 급기야 통영 촬영을 하겠다는 답변이 온 것이다. 사전 답사를 거쳐 통영 촬영은 끝났고 이제 12월 개봉만을 기다리고 있다.

나는 2010년 6월 사비를 털어 《통영과 이중섭》이라는 책 한 권을 상재했다. 비운의 천재화가 이중섭이 6·25동란 당시 통영에서 약 2년간의 피난 생활을 하면서 수많은 대표작품을 남겼다는 사실을 알면서도 이를 체계적으로 기록해 놓은 책은 전무하였다. 2000년대부터 제주도(서귀포시)는 약 10개월 피난생활을 했던 이중섭이 살았던 집을 복원하고 이중섭 미술관을 개관하는 등 이중섭을 문화 아이콘으로 내세우는 동안 통영에서는 그를 통영사람이 아니라는 이유로 아무도 관심을 갖지 않았다.

나도 모르게 이중섭에 관심을 갖기 시작했고 관련 자료도 꾸준히 수집하는 일을 게을리하지 않았다. 특히 색채의 마술사 전혁림 선생을 비롯한 박종석 서양화가, 김성수 옻칠미술관장의 인터뷰를 기록으로 남긴 것은 큰 수확이 아닐 수 없었다. 2010년 5월 전혁림 선생이 타계함으로써 선생과의 마지막 인터뷰가 되고 말았다.

이중섭의 통영을 찾아서, 이중섭과 통영의 예술인들, 명사들이 증언하는 이중섭, 통영시절의 작품 등 크게 4장으로 구분하여 그의 그림을 모두 컬러로 실었다. 한국문화예술위원장을 역임한 오광수 평론가가 권두언을 써 주셨다. 지면을 빌려 다시 한 번 더 감사드린다. 인터뷰에 흔쾌히 응해 주신 전혁림, 김성수, 박종석 화백님께도 깊이 감사드린다. 훗날 이 책이 이렇게 유용하게 쓰일 줄 그때는 몰랐다. 또 한 번 기록의 중요성을 깨닫는 순간이었다.

〈이중섭의 아내〉 영화가 촬영된 이후 범일동 풍경을 남기며 잠깐 피난 생활했던 부산 동구에서는 마사코 전망대를 비롯하여 이중섭 거리를 조성한다고 야단이다. 〈세병관〉, 〈남망산 오르는 길이 보이는 풍경〉, 〈선착장을 내려다본 풍경〉, 〈부부〉, 〈흰소〉, 〈달과 까마귀〉 등 수많은 걸작을 남겼고 4인전, 개인전을 열며 그의 예술적 끼를 남김없이 풀어놓았던 통영. 이곳 통영에서 천재화가 이중섭의 예술혼이 다시 한 번 활짝 피어나길 기대한다.

아랫글은 〈이중섭의 아내〉 통영 유치를 위해 일본의 사카이 감독에게 보낸 편지 전문이다.

사카이 감독님께!
좋은 영화를 만들기 위해 애쓰시는 사카이 감독님께 깊은 경의를 표합니다.
또한 우리의 의견을 최대한 존중하여 통영 촬영을 허락해 주신 감

독님과 제작진 여러분께 진심으로 감사드립니다.

　이러한 결정이 있기 전에 우리는 오는 9월 15일~9월 16일까지 감독님을 만나 뵙고 협조를 구하기 위해 제주도로 가려고 했습니다. 이미 비행기 표까지 예매를 해 두었는데 감독님께서 촬영 일정이 너무 빠듯하여 우리와 미팅을 할 수 없으시다니 매우 안타깝습니다.

　잘 아시다시피 우리와 미팅이 가능하시다는 9월 19일은 우리 고유의 명절이라 우리 일행이 제주도로 가기에는 매우 어려울 것 같습니다.

　이미 통영 촬영을 결정하셨다고 하니 귀국하시는 대로 세부 논의를 거쳐 통영 촬영 일정을 통보해 주시면 준비에 최선을 다하겠습니다. 또한 촬영에 필요한 사항을 상호 협의하기 위해 필요하다면 우리 일행이 일본으로 출장을 가는 일도 마다하지 않겠습니다.

　이중섭 화백의 르네상스 시대는 틀림없이 통영시절이라고 생각합니다. 이남덕 여사님이 통영에 사신 적은 없지만 이중섭 화백께서 통영 생활을 하면서 많은 연서를 보냈고 또 통영 생활 도중 일본으로 건너가 아내를 만났습니다. 금번 통영 촬영 시 이남덕 여사님의 통영 방문이 이루어지길 간절히 기도하겠습니다. 꼭 그리되리라 믿습니다.

통영 촬영에 필요한 제반 사항에 대해서는 전혀 불편함이 없도록 제가 다 맡아서 하겠습니다. 물론 감독님께서 말씀하신 이중섭 화백을 아는 통영의 인사와 가질 인터뷰 준비도 포함해서 말입니다.

이중섭 화백에게 실질적인 도움을 주었던 통영 최초의 서양화가 김용주(별세) 선생의 아내로서 이중섭 선생에게 쌀과 부식 등을 직접 보내주었던 이경연 할머니를 비롯하여 김용주 선생의 제자로서 이중섭 화백을 알고 있는 서양화가 박종석 씨와 당시 이중섭 화백이 학생들에게 데생을 가르쳤던 경상남도나전칠기기술원양성소 제1기 졸업생인 김성수(현 통영옻칠미술관 관장) 씨 등 세 분을 섭외하고 있는 중입니다.

이러한 때가 있을 줄 알고 2010년도에 제가 《통영과 이중섭》이라는 책을 쓰지 않았나 싶을 정도입니다. 여하튼 좋은 영화를 만들 수 있도록 이중섭의 통영 생활과 관련된 자료를 챙겨드리는 일은 물론 통영 촬영 시 무슨 일이든지 필요한 부분에 대해서는 최선을 다해서 적극 협조해 드릴 것을 약속드립니다. 환절기에 건강 유의하시기 바라며 답변 기다리겠습니다.

—2013. 9. 6. 통영시 기획예산담당관실 김순철 드림

2010년 10월 5일, 한국일보 정일근 시인의 〈길 위의 이야기-통영과 이중섭〉이라는 칼럼이 이채롭다.

통영에서 돌아오면서 책 한 권을 챙겨 왔다. 《통영과 이중섭》이란 책이었다. 통영과 화가 이중섭 사이에 무슨 인연이 있었나 싶었는데, 이중섭에게 '통영 시절'이 있었다는 것을 새롭게 알았다. 통영 출신 원로 예술가들의 증언에 따르면 이중섭은 '1952년에 와서 1954년에 떠났다'로 확인된다. 그 시절은 서귀포에서의 가난을 떠나온 이중섭에게 숙식 걱정 없이 창작활동에 전념할 수 있는 때였고, 그런 통영 시절이 이중섭의 르네상스를 만들었다. 이중섭이 통영을 자신의 작품으로 꽤 많이 남겼다는 사실도 그 책을 통해 처음 알았다. 이중섭은 당시 경상남도나전칠기강습소에서 기거하며 〈세병관 풍경〉(1952), 〈남망산 오르는 길이 보이는 풍경〉(1953), 〈까치가 있는 풍경〉(1953) 〈복사꽃이 핀 마을〉(1953) 〈통영충렬사 풍경〉(1954) 등 30여 점의 풍경화를 그렸다고 한다. 1952년 12월쯤에는 장윤성, 전혁림, 유강렬 등과 함께 통영 호심다방에서 4인전을, 1953년에는 통영 성림다방에서 개인전을 가졌다. 이중섭의 통영 시절은 전혁림 화백 생전에 인터뷰를 통해서, 이중섭의 통영 시절을 곁에서 생생히 지켜본 김성수 옻칠공예가, 박종석 화가 등 원로들의 대담으로 완성되었다. 그것으로 통영은 이중섭을 '통영의 화가'로 재탄생시켰다. 부러운 것은 그 책을 통영의 한 공무원이 발품을 팔아 완성했다는 것이다.

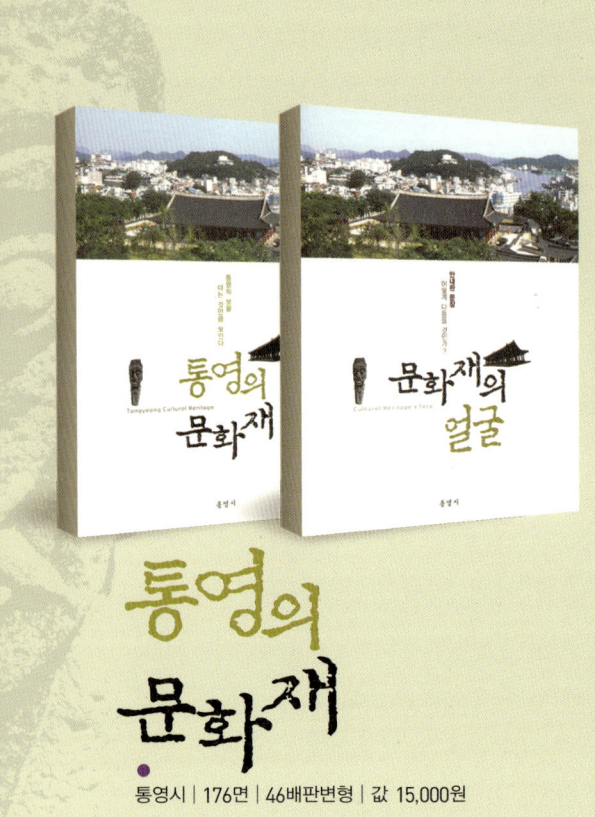

통영시 | 144면 | 46배판변형 | 비매품

문화재의 내력을 한눈에 알아볼 수 있는 것이 문화재 안내판이다. 우리 주위의 문화재 안내문은 어려운 용어가 섞여 있을 뿐만 아니라 잘못된 표현도 더러 있어 누가 보아도 알기 쉽고 이해하기 쉽도록 간결하고 아름답게 고쳐 써야 할 필요가 있다. 물론 국어나 역사를 전공한 전문가들이 이를 썼을 것이지만 현실적으로 문화재 안내판의 문구나 어휘가 매끄럽지 못하거나 오류가 있는 것이 사실이다.

통영시 | 176면 | 46배판변형 | 값 15,000원

part 04 《문화재의 얼굴》
— 안내판 문안 어떻게 다듬을 것인가?

"세병관은 누가 인공적으로 만든 것이 아니라 사명감을 갖고 태어났다. 세병관은 우리에게 마음의 의지이자 두려움 그 자체였다." 이는 어언 50여 년 만에 고향 통영을 찾은 박경리 선생이 세병관 기둥을 부여잡고 한없이 울며 한 말이다.

이처럼 문화재는 우리의 역사이며 삶이다. 세병관을 중심으로 약 300여 년 동안 번성했던 통제영 문화는 우리의 긍지이자 자존심이다. 인구밀도에 비해 전국에서 유·무형문화재를 가장 많이 보유한 지역이 통영이다. 발길 닿는 데마다 눈길 주는 데마다 임란 유적 아닌 곳이 없으며 도시 전체가 문화유적이라고 해도 과언이 아니다.

문화재의 내력을 한눈에 알아볼 수 있는 것이 문화재 안내판이다. 우리 주위의 문화재 안내문은 어려운 용어가 섞여 있을 뿐만 아니라 잘못된 표현도 더러 있어 누가 보아도 알기 쉽고 이해하기 쉽도록 간결하고 아름답게 고쳐 써야 할 필요가 있다. 물론 국어나 역사를 전공한 전문가들이 이를 썼을 것이지만 현실적으로 문화재 안내판의 문구나 어휘가 매끄럽지 못하거나 오류가 있는 것이 사실이다.

금번 작업은 기존의 문화재 안내판 내용을 원문으로 수정문을 실었다. 가능한 원문을 크게 손대지 않는 범위에서 현행 한글맞춤법에 맞도록 수정을 가했다. 공정을 기하기 위해 1차로 국립국어원에 의뢰하여 전문가의 감수를 받고 재차 문화재 위원에게 자문을 받아 정본을 만들었다. 물론 한꺼번에 많은 예산을 들여 문화재를 일괄 교체하자는 것이 아니라 훼손이나 현상 변경 등으로 새로 안내판을 제작해야 할 때 참고하기 바란다.

작업량이 방대할 뿐만 아니라 전문성을 요하는 작업이라 어려움도 많았지만 누군가는 이 작업을 해야 한다는 사명감으로 자처하고 나섰다. 몇 줄의 글로 수백 년의 역사를 간직한 문화재를 일일이 다 설명할 수 없어 안타깝지만 그래도 가장 핵심을 찔러 가능한 한 아름답고 품격 있는 문장을 구사하려고 노력하였다.

　문화재가 아닌 일반 안내판도 추가하였으니 참고하기 바란다. 금번 이 작업으로 우리 지역의 문화재가 더욱 빛나 보이고 시민들로부터 더 큰 사랑을 받았으면 더 이상 바랄 것이 없겠다.

—2013년 3월 일 통영시장

　이는 2013년 약 6개월 동안 현장답사 끝에 펴낸 《통영의 문화재 – 아는 것만큼 보인다》라는 책머리 글이다.

　우리는 국보급 문화재를 수없이 보유하고 있으면서도 문화재 안내판은 삼류급이다. 맞춤법, 띄어쓰기, 오탈자가 수두룩해도 고치려고 생각도 하지 않는다. 글자 한 자 틀린 것이 뭐 그리 대수로운 일이냐며 눈감는다. 혹 누가 보고 인터넷에 올려 수정을 요구하면 하는 수 없이 땜질을 하는 정도다.

　김동진 시장이 취임하자마자 문화재 영문 안내판은 일제 조사를 거쳐 대폭 수정하였다. 한글이 정확해야 영문 번역도 정확할 것인데 국문은 그대로 둔 채 영문판만 수정했다. 늘 이게 마음에 걸렸다. 그렇다고 문화재 업무담당자가 아닌 나로서는 이러지도 저러지도 못할 처지였다. 그러던 어느 날 경상대학교 국어문화원에서 "문화재 안내문 제대로 알자, 잘못된 어휘·맞춤법 바로잡는 '종합보고서'를 펴냈다."며 2013년 1월 27일자 지역신문에 보도되었다.

　"국립경상대학교 국어문화원이 경남도내 문화재와 문화재자료 안내문을 조사해 잘못된 어휘·맞춤법과 어색한 표현을 바로잡는 종합보고서를 내놨다. 경남도와 국어문화원은 문화체육관광부의 '2012년 광역지방자치단체 국어책임관 활동 지원 공모사업'에 선정돼 1286개의 도지정 문화재와 문화재자료의 안내문을 지난해 4

월부터 12월까지 조사했다. 그 결과를 '경상남도 문화재 안내문 바로잡기Ⅰ(동부 편)', '경상남도 문화재 안내문 바로잡기Ⅱ(서부 편)'으로 펴냈다. 국어문화원은 보고서 작성을 위해 1차로 경상남도에서 2001년에 간행한 '경상남도 문화재안내판 문안집'을 대상으로 오류를 점검하여 수정하였고, 2차로 '경상남도 문화재안내판 문안집'의 내용이 문화재를 안내하기에 미흡하다고 판단될 경우 경남 전역을 대상으로 문화재가 있는 현지를 답사하여 현지 안내문의 내용을 함께 고려해 수정했다."는 내용이었다. 이 자료를 구하기 위해 즉시 경상대 국어문화원에 전화했지만 책을 구할 수 없었다. 대신 책자의 파일을 구했다. 전문가가 수정했다는 우리 시의 문화재 안내판 내용은 눈뜨고 볼 수 없을 정도로 오류가 많았다. 즉시 전화를 걸어 항의하자 "현장에 가서 직접 문화재 안내판 내용을 조사하여 수정한 것이 아니라 이미 오래 전 책자로 만든 내용을 기준으로 수정했으니 착오가 있을 수 있다."며 약간의 오류가 있다는 점을 인정했다.

  이 보도를 보면서 한 가지 큰 걱정이 생겼다. 경남의 전 시군 담당자들이 앞으로 문화재 안내판을 교체하거나 수정할 때 이 책을 교본으로 삼을 것인데, 큰일이다 싶었다. 우리 시 문화재 안내판이라도 문화재의 품격에 맞도록 바르게 수정해야 한다는 생각으로 '문화재(시설물) 안내판 문안정비계획'을 수립하여 최종결재권자의 결재를 받은 후 약 6개월간 현장조사와 문안수정 작업을 계속했다. 물론 공정성을 기하기 위해 국립국어원의 감수까지 받았다. 감수를 맡아준 국립국어원 김형배 연구관은 "통영시 이외의 기초지방자치단체에서 이러한 중요한 일을 하는 곳은 찾아볼 수 없다며 흔쾌히 감수를 해주겠다."며 다른 일 다 제쳐 두고 방대한 작업을 가장 빠른 시일 안에 해 주었다.

  물론 문화재 업무 담당자가 아닌 우리 부서에서 일을 맡음으로써 문화재 담당자로부터 미움도 받았지만, 누가 언제 해도 해야 할 일이라며 담당계장을 설득했다. 필요한 예산도 우리 부서(기획예산담당관실)에서 확보하여 최종 책을 발간하였다. 국립국어원의 감수까지 받았으니 담당 부서에서는 이를 대수롭게 여기지 말고 제발 앞으로 문화재 안내판 신설이나 보수 시 이를 참고하기를 간절히 부탁한다.

  2013년 10월 진주 MBC라디오 〈이 주의 책〉과 인터뷰를 통해 소개 되었다.

  지면 관계상 인터뷰 머리 부분만 소개한다.

      유홍준 교수가 〈나의 문화유산 답사기〉에서 '우리나라는 전 국토가 박물관이다.' 라고 이야기했죠. 그만큼 우리나라 곳곳에는 역사유적이 많이 남아 있다는 뜻인데요. 다만 개발논리에 밀려 많은 문화유산이 사라지고 있는 것도 현실입니다.

      따라서 문화유산을 소중히 지키기 위해선 지자체 차원의 관심과 관리가 정말 중요한데요. 이런 점에서 상당히 의미 있는 책이 발간돼 눈길을 끌고 있습니다. 《통영의 문화재》란 책인데요, 통영지역에 산재한 역사와 문화유산을 모두 조사해 한 권의 책으로 발간했습니다. 관계자와 말씀 나눠보겠습니다. 통영시 기획예산담당관실 김순철 계장입니다. 안녕하십니까? ……중략…… 오늘 말씀 감사합니다. 지금까지 통영시 기획예산담당관실 김순철 계장이었습니다.

part 04

65년 만에
부활한
《산양읍지》

— 기록은 아름다우나 마음은 괴롭다

　　　　　2013년 12월 28일 계사년 한 해가 서서히 저물어 갈 무렵, 산양초등학교 강당에서는 《산양읍지》 발간에 따른 출판기념회가 성황리에 열리고 있었다. 《산양읍지》를 발간하기 위해 발기인 대회를 가진 지 약 1년 3개월, 산양읍 승격 이후 20여 년, 《산양면지》 출간 65년 만에 이루어진 쾌거였다.

　산양에서 나고 자라 산양에서 공직에 첫발을 내딛었고 지금도 산양에 터를 잡고 공직생활을 하고 있다는 인연으로 편찬위원회 사무국장을 맡았다. 참 힘들고 어려운 일이었지만 누군가는 해야 할 일이라며 혼신의 노력을 다했다. 먼 훗날 우리가 가고 없을 때 역사는 다시 우리를 평가할 것이다.

　《산양읍지》 편찬의 인연은 2004년으로 거슬러 올라간다. 산양읍 승격 10주년을 1년 앞둔 시점이었다. 산양읍 승격 10주년을 맞아 읍의 정체성을 살릴 수 있는 축제 즉, 당포대첩을 주제로 한 산양읍의

　대표 축제를 하나 만들고 이 축제일을 맞아 《산양읍지》를 편찬하여 세상에 내놓자는 의견을 당시 산양 출신 K읍장께 개진한 바 있었다.
　당시 시조시인 서우승 시인이 통영시 집필실에 근무하고 있던 때라 마음만 맞추면 충분히 할 수 있는 일이었다. 무슨 연유인지는 몰라도 그 프로젝트는 흐지부지되고 말았다. 물론 나의 책임이 없다고 말할 수는 없다. 지금도 마찬가지이지만 그때도 그러한 일을 주도적으로 할 수 있는 위치나 직위에 있지 못했다. 그러는 사이에 근 10여 년이라는 세월이 눈 깜짝할 사이 흐르고 말았다.
　20여 년 전 함께 산양초등학교 총동창회를 발족시켰던 서국현 형이 통영시의회에 진출하면서 《산양읍지》 편찬의 논의는 급물살을 타게 되었다. 그간 우지연·신철기 읍장 시절, 《산양읍지》 편찬 계획이 점점 구체화되었고 본 읍 출신 김성한 읍장시절에야 결실을 맺게 되었다. 꺼져가던 희망에 다시 불씨를 지펴준 서국현 의원님을 비롯한 세 분의 읍장께도 진심으로 감사드리는 바이다. 역사를 정리하는 이 일이 비록 형극의 길이었지만 이러한 중요한 작업을 할 수 있도록 보잘것없는 나를 믿고 사무국장 일을 맡겨주신 서국현 의원님께 깊이 감사드린다.

　시집이나 수필집 한 권 발간하는 일도 쉬운 일이 아닌데 산양의 역사를 비롯하여 인문, 자연, 환경, 문화, 인물 등 모든 것을 총망라한 방대한 자료집을 만드는 것이 그렇게 만만한 일이 아니었다. 특히 이 어려운 작업을 하면서 서우승 시인의 빈자리가 얼마나 큰지 절실히 느꼈다. 아무튼 좋은 책을 만들기 위해 여러 가지 모양과 방법으로 지원과 후원을 아끼지 않으신 신철안 위원장님을 비롯한 편찬위원, 이장, 동창회장, 사회단체장, (주)역사만들기에도 진심으로 감사드린다.

　대한민국뿐만 아니라 온 세계에 대고 자랑해도 하나도 손색없는 김형근·이한우 화백이 우리 산양읍 출신이라는 데 대해 다시 한 번 긍지를 가진다. '1948년 순 한문으로 된 《산양면지》가 출간된 이후 약 65년 만에 순 우리말로 된 《산양읍지》를 편찬한다.'는 소식을

들고 그렇게 아끼던 작품을 선뜻 기증해주어 경제적 도움을 주신 두 화백께 깊이 감사드린다.

65여 년 전 우리의 선배들도 책을 다 만든 후 "기록은 아름다우나 마음은 괴롭다"는 심경을 발문에 써두었다. 지금도 매한가지다. 이런 일을 하기는 어려워도 평가하고 비판하기는 쉽다. 그 평가나 비판이 두려워 아무도 이런 일을 하지 않는다면 역사는 단절되고 말 것이다. 혹 자료가 누락되었거나 오·탈자가 있다면 계속 수정·보완하여 언젠가는 증보판이 다시 세상에 나오리라 믿는다.

역사는 과거사일 뿐인데도 우리가 역사를 배우는 것은 결국 역사를 통해 미래에 대비하고자 하는 것이다. 우리 후손들이 이 고장의 역사를 제대로 알고 또 이러한 역사를 끊임없이 이어갈 수 있도록 해야겠다는 일념으로 이 책을 세상에 내놓았다는 것을 다시 한 번 밝혀 두는 바이다.

더더욱 《산양읍지》는 다른 읍지나 면지와 편집 체제가 다르다. 책을 구입하자마자 먼지만 둘러쓰고 책장을 지키는 책이 아니라 늘 곁에 두고 볼 수 있도록 쉽고 재미있게 편집하였다. 사진 또한 모두 컬러로 편집하여 현장감을 주었다.

족보가 없던 우리에게 잘 정리된 멋진 족보가 생겼으니 이 얼마나 다행스러운 일인가. 고향에 남아 있는 사람이나 고향을 떠난 사람, 모두 이 책 한 권에 산양인의 자긍심을 느끼길 기대한다. 고향 말고 사랑할 것이 무엇인가. 《산양읍지》 편찬을 계기로 고향 발전에 큰 관심 가져줄 것을 기대한다.

part 05

청마우체국 그리고 청마를 지키는 사람들
— 뜬금없는 친일시비에 휘말린 청마

유명예술인 추모제
— 순수민간단체가 자발적으로 참여

초정 김상옥의 〈백자송白磁頌〉 8폭 자개 병풍
— 미국으로 가려던 병풍 이야기

유명 예술인 통영 모시기
— 헌 농협 창고가 아틀리에로 변신

김형근미술관
— 경남도 도시계획심의위원회가 원망스러워

경상남도 나전칠기 기술원 양성소
— 끝내 이루지 못한 그 안타까운 사연

part 05 | 청마우체국
그리고
청마를 지키는 사람들
─뜬금없는 친일시비에 휘말린 청마

2004년 4월 26일 경남도민일보의 '밀물 썰물' 난의 '도산 안창호 우체국' 이라는 제하의 기사를 읽고 깜짝 놀랐다. 미국 연방상원에서 미국 LA 한인타운 한복판에 있는 '6가 우체국' 을 '도산 안창호 우체국' 으로 변경하는 법안을 표결한 결과 가결되어 부시 대통령이 서명을 함으로써 '안창호 우체국' 이 탄생하게 되었다는 기사였다.

미국 땅에 '도산 안창호' 의 이름을 딴 우체국이 생겼다면, 한국시문학사에 큰 획을 긋고 1940년~1950년대 통영에서 교직생활을 하며 이영도 시인을 비롯한 지인들에게 5천여 통의 편지를 보냈던 통영 중앙동우체국의 이름을 '청마우체국' 으로 변경하는 것은 얼마든지 가능한 일이라 생각하였다. 이에 2004년 4월 28일 편지를 써서 이 뜻을 이대희 통영우체국장에게 전달했다.

이후 4월 29일 당시 정해룡 통영문인협회장을 대동하여 통영우체국장을 면담한 결과 "우체국 명칭 제정의 기본방침은 지역 여건을 고려하여 이용자의 불편이 없도록 제정한다. 기본적으로 해당 시군 지역명과 행정동명을 사용하고 명칭 변경은 행정구역 개편 등 불가피한 경우 해당 우체국의 요구에 의해 관할 체신청에서 개칭한다. 따라서 유명예술인의 이름을 딴 우체국은 처음 있는 일이지만, 우체국 이미지 제고와 지역사회 문화명소 발굴 및 주민과 친근한 우체국 조성 차원에서 현지 주민의 여론을 고려하여 관할체신청(부산체신청)에 건의하면 최종 결정하게 된다." 는 긍정적인 답변을 들었다.

이에 2004년 5월 8일 '통영에 청마우체국을 세우자' 라는 제하의 특별 기고문을 한산신문에 기고하였고 지역신문에서 이를 특종으로 보도함으로써 큰 반향을 불러일으켰다. 이후 5월 11일 15개 일간지 문화면을 장식하는가 하면 같은 날 마산 MBC라디오 인터뷰를 비롯하여 2004년 5월 13일 마산 MBC뉴스 인터뷰 및 촬영, 5월 23일 저녁 9시 뉴스, 5월 27일 아침 6시 뉴스투데이 방영 등 언론에서 뜨거운 관심을 보였다.

이에 통영문인협회에서는 5월 11일 통영시장 면담에 이어 같은 날 정식으로 청마우체국 개명에 따른 건의서를 통영우체국에 접수하고 다음 날 청마우체국 개명에 따른 긴급 문협 임시회를 개최하였다. 5월 14일 통영시장 명의의 협조공문을 통영우체국장에게 발송하는가 하면 5월 19일 가칭 '아름다운 문화의 거리를 만드는 사람들'이라는 단체에서 청마우체국 개명에 따른 시민 서명운동을 위한 회의를 개최하고 5월 25일 통영우체국에 서명지를 전달하였다. 금방 우체국의 이름이 바뀔 것 같은 분위기로 모든 일이 순조롭게 진행되었다.

그러던 어느 날 뜻밖에도 통영시공무원노조 홈페이지에 희망이라는 아이디로 '우체국 개명을 중단하시지요'라는 글이 게재되면서 찬물을 끼얹었다. '청마우체국 개명 건의서'를 부산체신청에 전달하기도 전 2004년 6월 1일 '3·1운동동지회 통영지회' 명의로 청마에게 친일의혹이 있으니 청마우체국 개명에 반대한다는 내용의 진정서를 통영우체국에 접수했다는 사실을 확인했다. 물론 말도 안 되는 이 일은 통영의 문화·체육을 좌지우지하던 C모 씨의 억하심정에서 나온 음해성 진정서였다.

이에 우리는 뜬금없는 의혹 제기라며 6월 1일 통영우체국장에게 '청마는 친일 행적이 없다'는 내용의 메일을 송부하고 6월 2일 통영우체국장을 면담했지만 이 어이없는 진정서 한 장에 우체국장은 백기를 들고 모든 일을 없는 것으로 해 달라는 것이 아닌가? 이 무슨

날벼락이란 말인가. 6월 6일 유인전(청마의 큰딸), 유자연(셋째 딸), 오정숙(청마의 이질), 권혁(청마의 외손자, 유자연의 아들), 류태수(예총 지부장), 정해룡(문협 지부장), 서우승(문협 회원), 김순철(문협 사무국장)이 모여 대책회의를 열고 3·1동지회 회장과 C모 씨를 사자死者에 대한 명예훼손으로 통영경찰서에 고발하였다.

  이후 C모 씨는 우리와의 대질신문에서 "자기는 그러고 싶지는 않았는데 민족문제연구소에서 시켜서 했다."는 해괴망측한 답변으로 우리를 망연자실하게 하더니 어느 백주 대낮 서울의 정보통신부 정문 앞에서 '통영 중앙동우체국을 청마우체국으로 개명하는 데 반대한다.'는 피켓을 들고 1인 침묵 시위를 하면서 청마우체국 개명운동이 청마의 친일문제로 비화하였다.

  때마침 당시 노무현 정부(2003~2008)는 온 힘을 다해 친일을 청산해야 한다며 온갖 친일청산위원회를 만들어 능지처참陵遲處斬을 자행하던 시기였다. 민족문제연구소를 비롯하여 좌파진영에서 청마에게 친일 혐의를 덧씌우기 위해 혈안이 되어 있었다. 이처럼 순수했던 시민문화운동이 친일문제에 휩싸이면서 당국에서는 완전히 꼬리를 내려버렸다. 이에 우리는 청마우체국 개명은 고사하고 '청마 친일 혐의 벗기기'에 매진하지 않으면 안 되었다. 이 얼마나 해괴망측한 일이며 뜬금없는 일인가?

한편 통영문인협회에서는 2004년 2월 청마문학관이 개관한 이래 처음으로 청마의 37주기를 맞아 청마문학관에서 추모제를 봉행하였다. 2006년 2월 11일 39주기 추모제 봉행 이후 순수민간단체인 '청지사(청마를 지키는 사람들)'를 창립하고 초대 회장으로 유문두를 선출하였다. 청지사에서는 이듬해인 2007년 3월 31일 청마문학관에서 청마의 자작시 해설집 《구름에 그린다》 출판기념회를 가졌다.

1959년 당신께서 직접 펴낸 이 책은 그의 출생, 사상, 작품 세계와 배경, 삶의 단면까지도 알 수 있는 아주 중요한 자료이지만 그 어디에서도 이를 구입할 수 없었다. 세로쓰기에 한자어로 된 것을 가로

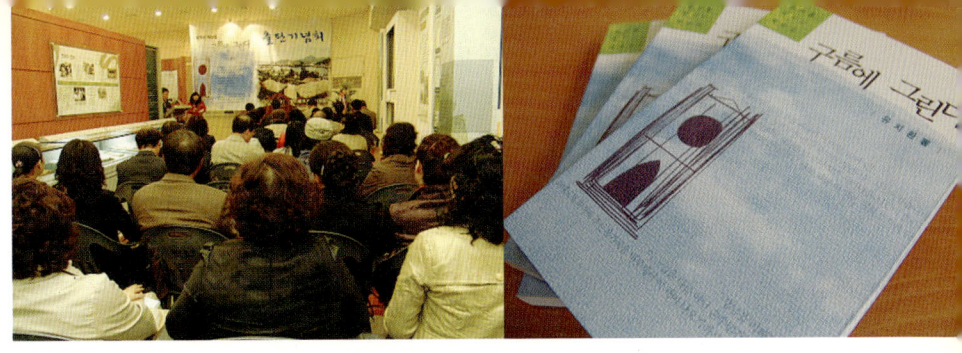

쓰기와 현 한글맞춤법대로 표기함을 원칙으로 하되, 사투리 등 원문에 손을 대지 않아야 좋을 것은 그대로 두고 어려운 단어는 한자를 병기하였다. 책은 날개 돋친 듯 팔려 현재 절품되었다.

이후 청마의 친일의혹이 완전 해소되어 청지사는 2009년 2월 통영 예술의 향기와 통합될 때까지 3년간 청마의 친일 의혹에 대하여 체계적으로 대응했을 뿐만 아니라 청마 학술 토론회를 개최하고 지속적으로 청마 유치환 선생의 추모제를 봉행함으로써 기꺼이 청마의 이름을 지켰다.

그들은 6·25동란 당시 우파 진영의 대표 문인으로 문총구국대를 결성하여 종군하면서 《보병과 더불어》라는 시집을 펴냈던 청마를 방법을 가리지 않고 친일로 옭아매려고 온갖 수작을 다 부렸다. 그러나 민족문제연구소가 2005년 8월 29일 경술국치일을 기해 발표한 친일인명사전에 등재할 1차 친일인사명단(3,090명)에는 물론 2008년 4월 29일 발표한 2차 친일인사명단(4,776명), 2009년 11월 8일 최종 편찬한 친일인명사전 최종 수록자(5,207명)명단, 그 어디에도 청마는 포함되지 않았다. 사필귀정이다. 이로써 우리가 결성한 청지사의 임무는 끝났던 것이다.

시인이 태어난 지 100년, 그가 이 세상을 떠난 지 40년이 넘은 이 시점에서 그것도 그의 고향에서 이러한 일이 벌어졌다니 이 어찌 부끄러운 일이 아니겠는가? 친일 의혹으로부터 누명을 벗었지만 그

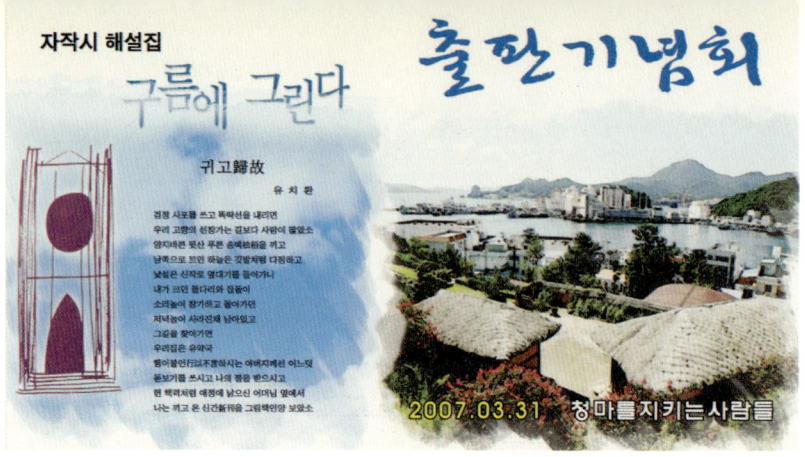

동안 낭비한 행정력은 그 얼마이며 또 마음의 상처는 얼마인가? 위정자들의 잘못으로 나라를 잃고 칠흑 같은 질곡의 생을 살면서 오로지 후세 교육과 시문학 발전에 기여한 고향의 대문인의 이름을 폄훼하고 그것도 모자라 그에게 친일 혐의를 씌우려는 몰염치하고 몰지각한 그들과 한 하늘 아래서 같이 숨을 쉬고 살아가고 있다는 것이 안타까운 일이다.

시인은 앞날을 예견이라도 한 듯 1959년 그의 자작시 해설집 《구름에 그린다》라는 책에서 출생지 문제를 비롯하여 국가관과 민족을 바라보는 시각, 일제 치하의 짐승만도 못한 생활상 등을 가감 없이 기술해 놓았다.

우리는 이를 계기로 2008년 시인의 탄생 100주년을 맞아 깃발축제를 개최한데 이어 통영문학제를 태동시켰고 그의 추모제는 계속 봉행되고 있어 다행이 아닐 수 없다. 물론 개개인의 이름을 다 거명할 수는 없지만 당시 함께했던 모든 분들께 깊이 감사드린다.

아직도 이루지 못한 꿈 하나, 청마우체국이다. 이 얼마나 의미 있고 가치 있는 이름인가. 우리가 이러는 사이 춘천에는 벌써 소설가 김유정의 이름을 딴 '김유정 역'이 탄생했다. 지금이라도 우리 시민들의 이름으로 '청마우체국' 간판이 달리기를 기대한다. 당시 '청지사 결성에 부쳐'라는 글을 소개한다.

'청지사'(청마를 지키는 사람들) 결성에 부쳐

청마를 존경하고 사랑하는 여러분!

지금 대한민국에서는 도저히 납득할 수 없는 일이 벌어지고 있습니다. 민족문제연구소라는 단체가 국가의 지원을 받아 지난 2001년부터 2007년까지 7개년 사업으로 '친일인명사전'을 편찬하기 위해 작업 중에 있습니다.

이 연구소에서는 지난 2005년 8월 29일 경술국치일을 기하여 친일인명사전에 등재할 1차 친일인사 명단 3,090명을 발표하기에 이르렀습니다. 이 명단에는 박정희 대통령을 비롯한 태극기를 고안했던 박영효, 장지연, 홍난파, 현제명 등 문화예술계 인사들이 대거 포함되었습니다. 이 명단을 발표하면서 민족문제연구소에서는 청마 유치환은 자료 부족으로 1차 명단에서 제외하되 보강조사를 거쳐 2006년도 2차 명단에 포함시키겠다는 망발을 서슴지 않고 있습니다.

그 많은 예산과 인력을 가진 민족문제연구소가 5년 동안 조사해도 찾지 못한 청마 선생의 친일행적 자료를 어디에서 찾겠다는 것인지 도무지 이해할 수가 없습니다. 도대체 이들이 청마를 친일로 몰아 얻고자 하는 것이 무엇인지 알다가도 모를 일입니다. 우리는 지금 살기가 힘들고 어려워도 예향 통영을 빛낸 청마 유치환, 윤이상, 김용익, 박경리, 김춘수, 김상옥, 전혁림 등 걸출한 문화예술인이 있기에 이를 늘 자랑으로 삼고 살아왔습니다. 그런데 느닷없이 있지도 않은 친일의혹을 들먹이며 우리의 자존심을 짓밟는 이 같은 만행에 분통을 터뜨리지 않을 수 없습니다.

시에 무지한 저들은 청마 선생께서 발표한 900여 편의 시 중 〈수〉,

〈북두성〉, 〈전야〉 등 세 편의 시에 친일냄새가 나고, 이 시를 발표한 매체가 친일 성향이 짙은 잡지이며, 아무 문제 되지 않는 만주시절 오족협화회에 가입한 것을 들어 친일파로 몰아가려고 혈안이 되어 있습니다. 대다수의 학자나 교수 등 그 누구도 이를 친일이라고 할 수 없다는데 오직 민족연구소에서만 이를 자의적으로 해석, 친일파로 몰아가려고 하는 것입니다.

　이에 우리는 '청지사'(청마를 지키는 사람들)를 결성하여

　첫째, 2006년 8월 2차 친일인사명단 발표 시 청마선생의 친일행위를 조작할 우려가 있으므로 이를 적극 저지하고

　둘째, 계속해서 청마 추모제를 봉행하며

　셋째, 청마우체국 개명작업을 지속 추진할 것이며

　넷째, 청마탄생 기념사업을 후원하고

　다섯째, 기타 청마선생과 관련된 사업의 후원 등을 추진하고자 합니다.

　아래 계좌로 후원금(1만 원 이상 자율)을 납입하시는 분은 청지사 회원이 됩니다. 예향 통영은 절로 되는 것이 아닙니다. 시민 여러분들께서 적극 동참해 주실 것을 간곡히 당부 드리며 늘 건강과 행운이 함께하시길 기원합니다. 감사합니다.

―2006년 2월　일 청지사 회장 유문두 드림

　아래 자료는 필자가 청마우체국 명칭 변경과 관련, 2004년 6월 16일(수), 18:15 진주 MBC 라디오와 인터뷰한 내용이다. 훗날을 위해 원문 그대로 소개하고자 한다.

　통영 지역의 문인단체가 청마 유치환 시인의 호를 따서 우체국의 명칭을 개정하자는 주장을 펴고 있습니다. 중앙동 우체국을 청마우

체국으로 바꾸자는 건데요, 말씀 듣겠습니다.

통영문인협회 김순철 사무국장입니다. 안녕하십니까?

Q 중앙동 우체국을 청마 우체국으로 바꾸자고 통영문인협회가 정보통신부에 건의를 한 거죠? 이번에 처음 나온 건 아닌 듯한데요, 언제 건의를 했습니까?

A 우연한 기회에 미국 LA한인타운에 '도산안창호 우체국'이 생긴다는 신문보도를 접하게 되었습니다.

통영우체국이 새 청사를 지어 무전동으로 이전한 후 그 자리에 분국처럼 사용하고 있는 통영 중앙동우체국의 이름을 '청마우체국'으로 바꾸면 좋겠다는 생각을 하고, 이를 문서로 작성하여 지난 5월 11일 통영우체국을 경유, 부산체신청에 제출하였습니다.

참고로 옛 통영우체국 자리인 중앙동우체국은 청마 선생께서 이영도 시인을 비롯한 지인들에게 5,000여 통의 편지를 보냈던 역사적인 우체국으로 2001년 우체국 앞 도로가 '청마거리'로 지정 선포되었고 행복 시비도 건립되어 있습니다.

Q 사람의 이름을 관공서에 붙인 경우가 지금까지 한 번도 없었다고 하지요? 선례가 없는 만큼 힘들 것 같은데요?

A 우리나라는 유명인들의 이름을 기리는데 인색합니다. 최근 춘천에서 소설가 김유정의 이름을 딴 '김유정 역'이 생겼으며, 퇴계로, 을지로, 세종로 등의 길 이름이 있습니다.

우체국의 이름은 이번이 처음입니다. 선례가 없지만 청마와 통영우체국은 너무나 잘 어울리므로 우체국 측에서도 바꾸지 않을 이유가 없습니다. 특히 돈 안 들이고도 전국적으로 엄청난 홍보효과가 있습니다.

Q 통영에 유치환 시인의 연고가 있습니까? 통영에서 어떤 생활을 했는지?

A 청마 선생은 1908년 7월 14일 통영에서 한의사인 아버지 유준수와 어머니 박우수의 5남 3녀 중 차남으로 출생하였습니다.

1922년 통영초등학교 4학년을 수료하고, 1937년(29세) 통영협성상업고등학교 교사를 역임하셨고, 1945년 만주에서 돌아와 그해 9월15일 윤이상, 전혁림, 김춘수 등과 통영문화협회를 발족하여 한글강습회, 정서교육강습회, 시민의식강좌, 농촌계몽, 연극공연 등을 통하여 일제강점기에 잃었던 우리의 말과 글과 얼을 되찾는데 혼신의 노력을 다하였습니다.

그해 10월 통영여자중학교 교사로 부임하였으며 〈귀고〉, 〈출생기〉 등은 그 배경이 통영입니다.

Q 청마우체국으로 바꾸기 위한 주민 서명운동도 전개할 예정이지요? 지역 주민들의 반응은?

A 이미 5천여 명의 시민을 대상으로 서명날인을 받아 통영우체국에 전달했으며, 앞으로 시민의 대표 기관인 의회에서 '건의안'으로 채택할 수 있도록 협의 중에 있습니다.

대다수의 주민들은 이에 적극 호응하고 있으며, 아주 참신한 아이디어라며 전국의 20개 일간지 문화면에 대서특필되었고, 각 방송사에서도 특집으로 다루었습니다.

각 지방자치단체들이 앞다투어 소설 속에 나오는 허구적인 인물도 생존 인물인 양 꾸며 관광상품화하고 있는 추세입니다.

Q 그런데 유치환 시인의 경우, 친일 혐의를 받고 있는 만큼 정확한 조사가 선결돼야 한다는 지적도 있습니다. 어떻게 생각하시나요?

A 이는 정말 어처구니없는 일입니다. 문화예술에 관한 친일행위

는 민족적 정신과 신념을 배반하고 일본 침략주의와 그 시책을 수행하는데 협력하기 위하여 악질적인 반민족 언론, 저작과 기타 방법으로써 지도한 자에 한해야 하며, 덧붙여 작품을 통하여 찬양, 고무, 선동하고, 침략주의사상을 고무시킨 자라야 친일문학이라고 할 수 있다고 민족문제연구소가 발표한 바 있습니다.

청마의 친일행적 운운하는 것은 넘어도 넘어도 넘을 수 없는 깊고 큰 산 청마에게 친일이라는 덫을 씌워 선생의 명예라도 훼손해 보아야겠다는 어리석은 짓으로 용서할 수 없는 일입니다.

청마 선생은 그 어려운 시기에 창씨개명도 하지 않았으며, 6·25동란 때는 종군하였고, 이승만 정권에 항거하다 교장직을 박탈당한 민족주의 시인이요, 위대한 교육자입니다.

이미 민족문제연구소와 대한민국 국회가 공동으로 발표한 친일 100인 명단에도 선생의 이름은 없습니다. 그런데 누가 또 어떤 방법으로 검증을 한단 말입니까? 이는 터무니없는 억지 주장일 뿐만 아니라, 청마 일가족을 음해하려는 만행이므로 차제에 청마유족들이 명예훼손혐의로 법적 대응할 것입니다.

우리 통영문협 또한 '청마우체국' 개명과 선생님의 친일 누명을 벗겨 선생의 영전에 바칠 것입니다.

지금까지 통영문인협회 김순철 사무국장이었습니다. 말씀 잘 들었습니다.

part 05 | 유명예술인 추모제
—순수 민간단체가 자발적으로 참여

예향 통영에서는 현재 유명예술인 기념사업의 일환으로 몇몇 예술가들의 추모제를 봉행하고 있다. 시비 보조를 받아 통영문인협회가 봉행하는 '박경리 추모제' 이외에는 모두 순수 민간단체들이 시비 지원 없이 자발적으로 추모제를 봉행하고 있다. 추모제의 효시는 2004년 통영문인협회 사무국장으로 일하던 때로 거슬러 올라간다. 노무현 정부(2003~2008) 시절 친일 문제로 온 나라가 들끓을 무렵 느닷없는 청마 선생의 친일 의혹 문제가 이슈로 대두될 당시 2004년 2월 13일 통영문인협회가 주관하여 청마문학관에서 봉행한 37주기 추모제 때부터이다. 2006년 2월 11일 39주기 추모제를 마치고 연이어 당일 '청마를 지키는 사람들(청지사)'이 결성됨으로써 이듬해인 2007년 40주기 추모제부터는 청지사가 이를 맡아 2009년 2월 13일 42주기까지 그 소임을 다했다.

이후 청마의 친일 문제가 완전히 해소됨으로써 '청지사'와 '꽃과 의미'라는 단체가 통합되어 청지사의 기금 잔액 약 1천만 원으로 '통영예술의 향기'가 구성되면서 2010년 2월 13일 43주기부터는 본 단체에서 추모제를 봉행하기 시작하여 현재에 이르고 있다. 물론 이 무렵 통영예술의 향기에서 청마뿐만 아니라 작곡가 윤이상, 초정 김상옥, 대여 김춘수, 김용익 선생 등 다섯 분의 추모제를 봉행하자는 데 전격 합의함으로써 이루어지게 된 것이다.

이 외에도 위 다섯 분보다는 훨씬 뒤에 타계한 설엽 서우승 시인의 추모제는 2009년 그의 1주기 때부터 평소 그를 사랑하던 100여 명의 지인들이 '설엽 서우승을 사랑하는 모임'을 결성하여 매년 한 해도 거르지 않고 3월 30일을 전후하여 그의 시비가 자리한 향리 마을 어귀에서 조촐하게 봉행하고 있다. 우리는 1995년에 김용익(4. 11.), 윤이상(11. 3.), 2004년에 김상옥(10. 31.), 김춘수(11. 29.),

2008년에 서우승(3. 30.), 박경리(5. 5.) 등 같은 해 두 명씩의 예술가들을 잃은 셈이다.

마녀사냥 식으로 수많은 문인들을 친일로 몰아갈 무렵 우리 통영에서는 청마가 이영도 시인을 비롯한 수많은 지인들에게 약 5천여 통의 편지를 보냈던 통영 중앙동우체국을 청마우체국으로 바꾸자는 운동이 있었다. 이러자 두 명의 몰지각한 사람이 청마에게 친일 의혹이 있다며 이를 이슈화시켰다. 이에 통영에서는 청마를 사랑하는 시민들이 '청지사'라는 단체를 만들어 시인의 명예를 지키려고 온갖 노력을 다하고 있었다.

이에 신문, 방송 등 언론에서는 이를 심도있게 다루었다. 2007년 2월 13일 제40주기 청마 추모제를 앞두고 당시 통영문인협회와 청지사 사무국장을 맡았던 본인에게 마산MBC 〈좋은 아침〉, KBS뉴스와이드 3부(전국방송) 등에서 인터뷰를 요청해 왔다. 이 중 2007. 2. 9(금) 15:15 KBS뉴스와이드 3부(전국방송) 인터뷰 내용을 소개한다.

<blockquote>2월 13일은 청마 유치환 선생이 돌아가신 지 40주년 되는 날입니다. 유치환 선생의 생가가 있는 통영에서는 40주기 추모행사가 한참</blockquote>

인데요, 추모행사를 담당하고 있는 '청마를 지키는 사람들'의 김순철 사무국장과 유치환 선생에 대한 이야기, 나눠보겠습니다.

Q 모임 이름이 '청마를 지키는 사람들'……이라구요. 어떤 모임인지 소개를 부탁드립니다.

A 청마를 지키는 사람들, 참 생소하지요. 줄이면 청지사입니다. 뜬금없이 청마에게 친일의혹이 있다고 떠들고 다니는 사람들로부터 선생님의 명예를 지키기 위해 만든 순수민간단체입니다. 작년 2월 11일 39주기 청마선생 추모제를 마치고 창립총회를 가졌습니다. 서울, 부산, 대구, 광주 등 전국에서 160여 명의 회원으로 구성되어 있습니다. 회원의 자격은 청마를 사랑하는 사람으로서 1년에 한번 성의껏 후원금을 내시면 누구나 회원이 될 수 있습니다. 청마우체국이라는 카페에 들어가시면 우리 회의 활동사항을 알 수 있습니다. 선생님께서도 우리 회에 가입하시지요.

Q 그동안에도, 유치환 선생의 추모행사가 진행됐었는데, 40주기이기 때문에 그 의미도 남다를 것 같은데 어떠신가요?

A 예 그렇습니다. 지금 현재 선생님의 고향 통영 말고는 그 어디에서도 선생의 추모제를 봉행하는 곳은 없습니다. 이때까지 선생님의 세 따님 중 통영에 살고 계시는 큰따님 유인전 선생님 댁에서 기일에 추모예배를 보는 것이 전부였습니다. 이토록 고향을 빛낸 대시인을 홀대해서는 안

되겠다 싶어 2004년 37주기부터 통영문인협회 주관으로 추모제를 봉행해 오다가 올해부터는 청지사에서 주관하게 되었습니다. 우리 청지사에서는 추모제뿐만 아니라 내년 청마탄생 100주년 기념행사를 비롯해서 청마와 관련된 문화사업을 서포트하는 단체라고 생각하시면 될 것입니다. 금번 40주기 추모제는 내일 오후 6시부터 통영시민문화회관 소극장에서 고인에 대한 묵념으로 시작하여 약 1시간 정도 진행되고요, 금번 추모제에는 유가족을 비롯, 전국 경향 각지에서 약 300여 명의 추모객이 참여할 것으로 예상하고 있습니다.

Q 유치환 선생님 하면, 〈깃발〉이란 시와 〈행복〉이란 시가 잘 알려져 있잖아요. 유치환 선생님 소개를 좀 부탁드립니다.(청마 시인 소개)

A 선생님께서 자작시 해설집 《구름에 그린다》라는 책을 통해서 "내가 난 때는 1908년 즉 한일합병이 이루어지기 전전해로서 갈팡질팡 시달리던 국가민족의 운명이 마침내 결정적으로 거꾸러지기 시작하던 때요, 태어난 곳은 노도처럼 밀려 닿던 왜의 세력을 가장 먼저 느낄 수 있던 한반도의 남쪽 끝머리에 있는 바닷가 통영이었습니다."라고 출생기를 이야기합니다.

선생님께서는 1908년 7월 14일 통영에서 태어나 연희전문학교를 졸업하시고 통영, 경주, 부산 등지에서 교편을 잡았습니다.

해방 이후 통영에서 현대 음악의 거장 윤이상 선생님과 통영문화협회를 조직하여 초대 회장을 맡아 한글강습소를 운영하는 등 일제에 빼앗겼던 우리의 글과 얼을 되찾는데 혼신의 노력을 다하였습니다.

6·25때는 종군문인으로 참전하여 《보병과 더불어》라는 책을 발간합니다. 그리고 자유당 정권을 나무라는 글을 신문에 발표했다가 경주고등학교 교장직을 박탈당하기도 하였습니다.

선생님은 말술을 자셨고, 술자리에서도 일어날 때까지 말 한마디도 안 할 때도 있었답니다. 한번은 술자리에서 동료가 던진 그릇에 이마를 맞아 피가 철철 나는데도 아무 말없이 웃고만 있더랍니다. 통영의 초·중·고등학교 교가는 거의 청마유치환 작사, 윤이상 작곡입니다. 대단한 일이지요. 해방 전후는 애국애족시를 많이 발표합니다. 예를 들면 식목제, 어리석어, 눈초리를 찢고 보리라 등입니다.

Q 앞서 말씀드린 대표적인 두 작품은 상당히 다른 느낌인데요, 유치환 선생님의 작품세계를 조금 소개해 주신다면요.

A 선생님께서는 1931년 문예월간에 〈정적〉을 발표함으로써 문단에 나옵니다.

잘 아시다시피 선생님은 서정주와 함께 생명파 시인으로 불리었습니다. 선생님의 시 세계는 사람의 삶 어디에나 있는 외로움, 번민 등 일체로부터 벗어난 어떤 절대적인 경지를 갈구했습니다. 즉 허무를 극복하려는 남성적, 의지적인 시를 썼습니다.

선생님께서는 약 900여 편의 시를 발표하였습니다. 시는 대개 남성적이며 힘이 있는 시가 많습니다. 그리고 선생님께서는 "시인이 되기 전에 사람이 되어야 한다."며 시인은 올곧고 제 바르게 살아야 한다고 말씀하십니다.

Q 특히 유치환 선생님은 〈행복〉이란 시에서 '에메랄드 빛 하늘이 훤히 내다뵈는 우체국 창문 앞에서 너에게 편지를 쓴다……'라고 표현했을 정도로, 편지의 시인으로 잘 알려져 있잖아요. 시인에게 있어 편지는 어떤 의미였을까요? (유치환 선생이 편지를 많이 쓰게 된 이유. 왜 편지의 시인으로 불리는지…… 시인에게 편지가 갖는 의미 등)

A 예. 청마 선생님은 편지의 시인이라고 이야기합니다. 선생께서는 시조시인 이영도 선생을 비롯한 많은 지인들에게 약 5천여 통의 편지를 보냈습니다. 어떤 때는 우체국 바로 앞에 기거하고 있는 이영

도 선생에게 보내는 편지도 직접 전달하지 않고 편지를 보냈답니다. 선생님 돌아가신 후 이영도 시인이 펴낸 《사랑하였으므로 행복하였네라》는 책은 선생님의 편지 모음집입니다.

그때 직접 편지를 보냈던 통영 중앙동우체국 앞에는 〈행복〉이라는 시비가 서 있고 그 거리는 청마거리라 부릅니다. 작문의 기초가 편지입니다. 선생님의 시를 잘 이해하려면 선생님께서 쓰신 편지를 잘 읽어 보셔야 합니다. 청마 하면 편지입니다. 통영 중앙동 우체국을 청마우체국으로 이름을 바꾸려는 것도 이유가 여기 있습니다.

Q 추모행사에서 청마 우체통도 만들 예정이라고 하던데, 어떤 이야기인가요?

A 예, 추모제 때 청마우체통을 만드는 것은 아니고요, 청마 선생님의 유품을 전시한 곳이 있는데요, 이곳이 바로 청마문학관입니다.

이곳은 문학 지망생을 비롯하여 전국에서 많은 관람객들이 찾는 문화 명소입니다. 이곳 현지에서 가족에게나 연인에게 편지를 부치고 싶은 분들은 엽서, 편지지, 우표 등을 구입하여 편지를 써서 청마우체통에 넣으면 배달이 됩니다. 통영에 오시면 청마문학관에 들러 꼭 편지를 써서 부치시기 바랍니다.

Q 이번에 또 청마의 자작시 해설집 《구름에 그린다》가 새롭게 재출간된다고 하는데, 어떤 책인가요? 왜 절판됐던 것인지요.

A 예, 자작시 해설집 《구름에 그린다》는 1959년 12월 신흥출판사에서 발간한 책입니다. 이 책은 나온 지 약 50년이나 되어 현재 그 어디에서도 구입할 수가 없습니다. 이를 안타깝게 여겨 오던 중 우리 청지사에서 2007년도 주요사업으로 재판하게 되었습니다. 이미 유족과 저작권 협의를 마쳤고 출판사에서 작업 중에 있습니다. 이 책은 자작시 즉 자기가 쓴 시를 자기가 해설한 책으로 시의 배경과 해설,

산중통신, 기행문, 편지 등이 실려 있습니다. 시인으로서 나라를 잃고 방황하며 조국을 위해 아무것도 할 수 없는 죄책감 등 자신의 처지를 솔직하게 표현하고 있으며 일경의 감시를 피해 만주로 가지 않으면 안 되었던 일, 해방 전후의 국제정세 등을 상세히 기록하고 있습니다.

세로쓰기와 한문으로 된 책을 가로쓰기로 바꾸고 국한문을 혼용하였으며, 어려운 단어는 주석을 달았습니다. 청마 선생님의 문학과 삶을 이해하는데 이보다 더 좋은 자료는 없을 것입니다.

Q 요즘은 사실, 국민적인 감성의 시가 많이 사라져가고 있잖아요. 청마 유치환 선생의 타계, 40주기를 맞아서, 시를 통해 시대를 이야기하고 감정을 공유하는 계기를 마련해보는 것도 좋을 것 같습니다. 어떻게 보세요?(청마 유치환 선생의 타계 40주기를 맞는 의의, 의미)
청마를 지키는 사람들의 활발한 활동도 기대해보며……

A 저는 시인은 아닙니다만 시인은 영혼이 맑은 사람이라고 생각합니다. 시가 있는 곳에 어떻게 미움과 증오가 끼어들 수 있겠습니까? 시인이 많은 나라는 건강한 나라입니다. 통영이 유명한 이유가 무엇입니까? 동랑 유치진, 청마 유치환, 윤이상, 김용익, 김춘수, 김상옥, 박경리 등 문화예술의 거장들을 셀 수 없이 배출한 곳이기 때문입니다. 통영에서는 벽수도 시 한 줄 암송할 줄 안다는 말이 그저 나온 말이 아닙니다.

이토록 나라가 어려울 때는 시인은 두 눈 부릅뜨고 깨어 있어야 합니다. 문학을 하는 사람들이 일어나서 도덕 재무장 운동을 펼쳐야 한다고 생각합니다. 우리 국민 모두가 시인이 된다면 얼마나 행복하고 살기 좋은 나라가 되겠습니까. 선생님께서는 〈조국이여 당신은 진정 고아일다〉라는 시를 통해 이렇게 이야기합니다.

감히 나라의 망함은 두려하지 않나니
매국이 의를 일컫고
사욕의 견구는 저자를 이루어
오직 소리소리 패악하는 자만이 도도히 승세하거늘
나의 눈을 뽑아 북악의 산성 위에 높이 걸라

올해는 선생님 가신 지 40주년이지만 내년은 나신 지 100주년이 되는 해입니다. 내년에는 깃발 축제를 비롯해서 청마 유치환 선생을 기리는 문학행사가 선생님의 고향 통영에서 다채롭게 펼쳐질 것입니다. 기대해도 좋을 것입니다. 자 이제 테마 기행은 문학의 향기가 그윽한 통영으로 오셔야 합니다.

part 05

초정 김상옥의
〈백자송白磁頌〉
8폭 자개 병풍
— 미국으로 가려던 병풍 이야기

2009년 연말경 사무실로 전화 한 통이 걸려왔다. 허스키한 목소리에 60대 중반 정도로 보이는 여성의 목소리였다. 자신은 초정 선생의 유품(8폭 병풍)을 보관하고 있는 사람인데 갑자기 장기간 미국으로 들어갈 일이 생겨 이를 처분하고 싶다는 것이었다. 만약 이 일이 성사되지 않으면 유품을 미국으로 가져갈 수밖에 없다는 것이다. 그 좋은 작품을 유독 통영시에 팔고 싶으냐고 우문을 했더니 그래도 초정 선생의 작품을 개인에게 처분하는 것보다는 그의 고향인 통영시에 넘기는 것이 가장 바람직하다고 생각한다는 것이다. 유품을 소장하게 된 동기를 묻자, 수집광이었던 시아버지가 매입하여 보관해 오던 것인데 아깝지만 어쩔 수 없이 처분을 해야겠단다. 그럼 통영시에 기증하시라고 권유했더니 개인적으로 어려운 사정이 있어 최소한의 가격은 받아야 한

다는 것이었다. 2008년 당시 통영시에 매각을 시도했으나 문화예술과에서 예산 부족으로 매입을 포기했던 적이 있다며 이번에는 통영시가 이 작품을 꼭 인수해 달라는 것이었다.

일단 작품의 사진과 감정서 사본을 팩스로 보내달라고 요청했다. 감정 가격과 작품 보관 상태에는 별 문제가 없어 보였다. 또한 전임자가 왜 유품 매입을 포기했는지 관련 서류도 챙겨보고 또 이를 살 수 있는 예산이 있는지 챙겨 보았다. 들던 대로 예산이 없어 매입을 포기했다. 그렇다고 현재도 이를 살 수 있는 돈이 예산에 반영되어 있지도 않았다. 생각 같으면 개인적으로 이를 사고 싶은 생각이 꿀떡같았지만 이도 안 될 말이었다.

작품 소유자에게 전화를 걸어 일단 작품을 가지고 통영을 방문했으면 좋겠다는 의사를 전달했다. 그녀는 수일 내 작품을 갖고 우리 시를 방문했다. 초정 김상옥 선생과 김봉룡 선생의 합작품으로 보관 상태가 아주 양호하고 소중한 자료였다. 글과 그림은 초정이 직접 쓰고 그렸으며 병풍은 일사 김봉룡 선생이 직접 제작하였다. 그림 속에 임인년壬寅年(1962)이라는 기록이 있는 것으로 보아 초정이 42세, 일사가 60세 때 제작한 것으로 추정되며 약 50여 년 이상 된 작품이다.

후일을 위해 지금 사두지 않으면 후회가 막심할 것 같았다. 결과를 다시 알려 드리겠다며 그녀를 돌려보냈다. 한국감정원의 감정 가격은 1,800만 원 ~ 2,000만 원이었지만 협의 가격은 1,200만 원이었다. 돈 1,200만 원이 없어 이렇게 귀중한 자료를 놓친다는 것은 어불성설이었다. 연말연시의 예산 사정이 어려웠지만 내년 1회 추경에 예산을 확보해 주기로 하고 과내 다른 파트의 예산을 먼저 쓰기로 협의하고 우여곡절 끝에 이를 매입하였다. 이 작품은 초정 관련 기념관이 건립될 때까지 현재 시장실에 보관 중이다. 아무리 생각해 보아도 잘했다는 생각이다.

이 병풍의 시는 1947년 첫 시집 《초적》에 발표한 〈백자부〉를 나중에 선생께서 직접 4수를 추가하였고 5수 일부를 수정하였다.

1폭 보면 깨끔하고 만지면 매촐하고
     싱그러운 손아귀에 한줌 흙이 주물러져
     천 년 전 봄은 그대로 가시지도 않았네

2폭 휘영청 버들가지 포롬히 어린 빛이

눈물 고인 눈으로 보는 듯 연연하고
몇 포기 난초 그늘에 물오리가 두둥실

3폭
고려의 개인 하늘 호심에 잠겨 있고
수그린 꽃송이도 향내 곧 풍기거니
두 날개 향수를 접고 울어볼 줄 모르네

4폭
붓끝으로 꼭 찍은 오리 너 눈동자엔
풍안 테 넘어보는 할아버지 입초리로
말없이 머금어 웃던 그 모습이 보이리

5폭
찬 서리 눈보라에 절개 외려 푸르르고
소나무 굽은 가지 바람이 절로 일고
이제 막 백학 한 쌍이 앉아 깃을 접는다.

6폭
드높은 부연 끝에 풍경 소리 들리던 날
몹사리 기다리던 그린 임이 오셨을 제
꽃 아래 빚은 그 술을 여기 담아 오도다.

7폭
갸우숙 바위틈에 불로초 돋아나고
채운 비껴 날고 시냇물도 흐르는데
아직도 사슴 한 마리 숲을 뛰어드노라.

8폭
불 속에 구어내도 얼음같이 하얀 살결!
티 하나 내려와도 그대로 흠이 지다
흙 속에 잃은 그날은 이리 순박하도다.

part 05 | 유명예술인 통영 모시기
— 헌 농협 창고가 아틀리에로 변신

　　　　　현대 조각의 거장 심문섭은 산양읍 남평리 둔전마을(산양읍 둔전길 88)에 있던 빈 농협 창고를 개조하여 아틀리에로 사용하고 있다. 서울을 비롯한 여러 곳에 별도의 작업장이 있긴 하지만 이곳은 통영에 올 때마다 창작 활동을 하는 곳이다. 이 창고는 1976년 건립한 산양지역에서 규모가 가장 컸던 산양농협 곡물 저장 창고였다. 최근 농업이 쇠퇴하여 나락, 고구마, 퇴비 등 이곳에 쌓아 둘 곡식이 없어지자 농협이 매각하고자 오랫동안 내

놓은 물건이었다.

  심 교수께서 맞은편 양산마을에서 주말농장을 하던 시절 우연히 나를 찾아왔다가 방치한 이 건물을 보고 마음이 동했다. 공매에 나왔지만 몇 번의 유찰로 주인을 찾지 못하다가 결국 제대로 된 주인을 만났다. 결국 공매에 나온 이 건물을 사서 약간의 보수를 한 후 작업장으로 사용하고 있다. 그때가 2004년 10월이었으니 약 10년 만이다. 마을 진입도로와 연접해 있어 대형 차량이 진입할 수 있고 건물이 높고 넓어 조각을 하기에는 안성맞춤이다. 후에 건물 뒤편에 붙은 밭 한 떼기를 더 구입하여 새로운 건물 한 동을 더 지었다. 1년을 통틀어 거의 반 정도는 이곳에서 작업에 몰두하고 나머지는 서울을 비롯하여 파리 등에서 작업과 전시를 하며 왕성한 활동을

벌이고 있다. 이곳에서 작업할 때가 가장 마음이 푸근하다며 만족해하는 거장을 보면 내 마음도 덩달아 흐뭇해진다.

심문섭 조각가와의 인연은 1997년으로 거슬러 올라간다. 통영시민문화회관과 더불어 그해 10월 1일 개장한 통영 국제야외조각공원 조성 프로젝트 완수를 위해 파견 근무를 하면서 심문섭 교수를 처음 만났다. 그때 교수님은 참여 작가이기도 했지만 본 사업의 총괄 책임자였다. 작가 선정을 비롯한 작품제작, 공원조성, 심포지엄 등 조각과 관련한 업무는 그가 맡았고 우리 팀에서는 각종 행정 지원을 맡았다.

당시만 해도 우리에게 예술작품 제작·구입, 국제행사 등은 정말 생소한 업무였다. 선례도 없었고 노하우를 갖고 있는 공무원도 별로 없었다. 조각이 무엇인지도 몰랐다. 그러니 자연 마찰도 있었고 갈등도 많았다. 우여곡절 끝에 프로젝트를 성공적으로 수행함으로써 우리 시의 제1호라고 할 수 있는 문화공간이 생겼던 것이다. 심포지엄을 통해 버려진 땅 남망산 공원 비탈에 국내외 작가 15인을 불러들여 근사한 야외조각공원을 조성함으로써 문화의 불모지나 다름없던 고향 통영에 문화도시의 징검돌을 놓은 셈이다.

이를 계기로 우리 시가 전국에 조금씩 알려지기 시작했고 나는 조금씩 문화예술에 눈을 뜨기 시작하면서 또 거기에 관심을 가지기 시작했다. 이제 공직생활 중 가장 기억에 남는 일이 되었다. 그때 그 어려움만 생각하면 지금도 못할 일이 없다는 자신감을 가진다.

조각가 심문섭은 통영에서 태어나 서울대학교 미술대학을 졸업하고 1995년 코다마 화랑(오사카), 현대화랑,

도쿄화랑 등에서 30회에 걸친 개인전을 열었다. 또 1971년부터 1975년까지 제7, 8, 9회 파리비엔날레 단체전을 시작으로 시카고 국제아트페어, 베니스비엔날레 특별전-호랑이의 꼬리, 바젤국제아트페어(코다마 갤러리, 스위스) 등 많은 국내외 단체전을 개최했다. 제1회 김세중 조각상, 2002 한불 문화상, 2007년 프랑스 문화훈장 수훈, 문신미술상 등 국내외에서 작품세계를 인정받고 있다.

심문섭은 한국 조각계에 있어서 매우 특이한 존재로서 자신의 작품세계를 분명히 확보하고 그 위치에 걸맞는 활발한 작업 활동을 보여주는 작가이다. 그는 조각의 고정관념에 대해 끊임없이 반발하며 조각이 아닌 것이 조각이 되도록 그 배경과 이유를 만들어 간다. 이런 자신을 안주시키지 않는 실험적이고 모험적인 추진력은 현장에서 무엇인가 새로운 방향을 제시하며 한국 현대조각의 새로운 세대를 이끌어 가는 중요한 역할을 한다.

1960년대 말에서 지금까지 그의 작품 타이틀은 관계關係에서 현전現前, 토상土想 그리고 목신木神을 거쳐 메타포Metaphor로 이어지고 있다. 이러한 연작들은 그 매체와 표현 형태를 달리하면서도 전체적인 맥락에서 볼 때는 일관된 발상의 뿌리를 지니고 있다. 즉 부서진 원형에 대한 사고와 그것의 재생을 위한 지향적인 상상력을 바탕으로 하고 있다.

그의 작품세계가 보여주는 독창적인 한국적 조형과 자유로운 감각, 그리고 보편적인 표현을 통해 깊은 인상을 주고 있다. 특히 가장 한국적인 감수성을 기반으로 하면서도 국제미술계의 진위적 실험정신의 보편성을 선도하고 있다는 평가는 그를 국제미술계에서 주목받는 작가로 만들고 있다.

그의 조각은 하나의 언어를 말한다. 그것은 텅 빔과 채움, 수직과

수평, 대칭과 비대칭의 모든 관계에서 형태적 근원에 도달하는 보편적인 조각의 언어로서 모든 비유와 추상을 넘어서서 조각의 존재 이유를 선포한다.

심문섭의 자랑에 못 이겨 화가이자 조각가인 이강소도 수백 년 묵은 느티나무가 자랑스럽게 서 있는 도산면 덕치마을의 농협 창고를 구입하여 작업장으로 쓰고 있다. 별 큰일은 아니었지만 도산농협의 지인을 통해 이를 구입할 수 있도록 온갖 잔심부름을 다해 주는 등 서포터 역할을 다해 주었다.

그는 70년대부터 한국현대미술의 중심점에서 미술이란 고정관념적 형식성에 대해 회의하고 연구하며 늘 새로운 시도를 해온 작가이다. 대구 출신으로 서울대학교 미술대학 회화과를 나와 경상대와 뉴욕주립대에서 교수로 활동했고, 서울과 뉴욕, 도쿄, 파리 등지에서만 40여 차례에 걸쳐 개인전을 열었다. 전통적인 동양적 감성을 서양의 추상표현주의, 개념주의, 미니멀리즘과 성공적으로 결합해 신비롭고 명상적인 이미지들을 창조해 왔다. 그의 작품은 캔버스에 아크릴 물감으로 그린 서양화이면서도 동양적인 맛을 풍기기 때문에 국제적이면서도 정체성을 잃지 않는 작가라는 평을 얻고 있다.

이처럼 통영에 고향을 둔 작가이든 그렇지 않은 작가이든 다양한 작가들이 통영으로 돌아온다는 것은 대단한 일이다. 이미 김성수 교수는 귀향 후 전 재산을 털어 '통영옻칠미술관'을 짓고 통영나전칠기와 옻칠의 계승발전을 위해 제자를 가르치는 등 창작활동에 마지막 인생을 걸고 있다. 이영준 관장도 본인이 소장하고 있던 수집품으로 통영박물관을 개관하였다. 또한 〈돌아가는 배〉의 저자 김성우 선생도 욕지도에 닻을 내리고 통영과 서울을 오가며 통영 문화 발전에 크게 이바지하고 있다.

은백색의 화가 김형근은 남망산 오르는 길이 보이는 언덕에 '김형근미술관' 건립을 희망하고 있고 이한우 화백도 여건만 되면 귀향을 원하고 있다.

동피랑 벽화마을 조성사업 초기, 시비를 들여 매입한 가옥에 '동피랑 작가촌'이라는 이름으로 강석경, 이제하 등 유명 작가들을 입주시킨 것은 지금의 동피랑으로 발전하는 디딤돌이 되었다. 통영 출신은 아니지만 중앙·조선일보 신춘문예 당선 작가인 유익서 또한 5년 전부터 한산도에 둥지를 틀고 통영을 무대로 한 여러 편의 소설을 펴냈고 지금도 작업을 하고 있다.

이 외에도 통영을 떠나 수도권에서 작품 활동에 정열을 쏟고 있는 많은 예술가들이 은퇴 후 모두 통영으로 귀향할 수 있도록 지원 조례를 제정하는 등 품격 있는 문화예술 도시 조성에 더욱 매진해야 한다. 귀농귀촌 지원 조례가 있듯이 귀향인들의 문화예술 활동을 지원하는 조례를 못 만들 리 없다.

김형근 作 〈희소식〉 4호, 캔버스에 유채

part 05 | 김형근 미술관

― 경남도 도시계획심의위원회가 원망스러워

은백색의 화가 김형근은 통영이 낳은 대작가이다. 1970년 제19회 국전에서 작품〈과녁〉으로 대통령상을 수상하면서 세상에 이름이 알려지기 시작했다. 미국의 뉴저지주에서는 매년 4월을 김형근의 달로 정하고 그의 화업을 기린다. 대한민국 현존하는 화가 중 그림 가격이 가장 비싼 화가이다.

"팔순이 넘는 인생을 살면서 고향을 잊어본 적이 단 한 번도 없다. 고향의 공기, 산, 나무, 바다, 냇가 등 삼라만상이 모두 내 신체의 일부분이다. 고향 생각만 해도 즐겁고 행복하다. 고향은 정신적인 치유의 장소이며 내 그림의 원천으로 정말 위대한 곳이다. 언젠가 꼭 고향으로 돌아가 바다가 보이는 곳에 작은 미술관 하나 짓고 노후를 보낼 것이다."며 그의 고향 예찬은 끝이 없다.

유년시절을 산양면(현 산양읍)에서 보낸 그는 20대 청년기부터 남망산공원 입구에 터를 잡았다. 서울 생활 도중 지치고 힘들면 고향에 내려와 사나흘씩 재충전하고 돌아가는 어머니 품 같은 집이다. 그가 대통령상을 받은 〈과녁〉도 이곳에서 그렸다. 이곳에 미술관 하나 지어 후배들을 키우면서 노후를 보내는 것이 노화가의 마지막 꿈이었다.

그가 꿈꾸는 미술관은 통영시가 갖고 싶은 문화 아이콘 1호이다. 자기 발로 걸어 들어와 자기 돈으로 미술관을 짓겠다는데 이런 횡재가 또 있을까. 통영시는 돈 한 푼 들이지 않고 세기의 대작가의 미술관을 유치하는 격이니 이 얼마나 남는 장사인가. 미술관은 그 도시가 문화도시인지를 가늠하는 바로미터이다. 반듯한 미술관 하나 없으면서 문화도시라고 우기는 지방자치단체가 얼마나 많은가.

노화가가 미술관을 짓겠다고 하는 곳은 남망산공원 입구의 진입로 아래에 있다. 수십 년 동안 그가 생활하며 자녀를 양육하였고 작품의 무대가 되었으며 작품의 영감을 얻었던 바로 그곳이다. 그의 집터가 위치한 지역은 건폐율 20%를 적용받는 자연녹지지역인 반면 집터와 인접한 곳은 주거지역으로 대지면적의 60%까지 건축행위를 할 수 있는 곳이다. 노 화가는 건폐율 20%의 규제를 받는 자연녹지지역 안에서는 제대로 된 미술관을 지을 수 없다는 판단에 따라 인근 지역처럼 60%의 건축행위를 할 수 있는 주거지역으로 용도지역을 변경해 줄 것을 호소하기에 이르렀다.

본 건에 대하여 통영시가 용역을 완료하여 통영시의회의 동의를 받아 경상남도 도시계획위원회에 상정함에 따라 지난 2013년 3월 22일 경상남도 도시계획위원회에서 격론 끝에 미술관이 바다 조망을 가린다며 부결시켰다. 현지 실정은 물론이거니와 통영시 정책방향을 꿰뚫고 있는 도시계획 부서의 국장과 과장의 진심 어린 설명과 설득을 뿌리치고 부결시켰다니 더더욱 이해할 수 없는 일이다. 노화가의 꿈을 송두리째 짓밟아 버린 격이다.

현장에 답이 있다는 말이 더욱 실감난다. 현장은 그렇지 않다. 그곳은 남망산공원의 초입으로 공원구역이 아닐 뿐만 아니라 바로 인접한 곳은 모두 주거지역이다. 층고를 조정하면 전혀 바다조망을 가리는 곳도 아니다. 노화가는 누군가가 의도적으로 김형근미술관 건립을 방해하는 사람들의 소행이 있지 않고는 이런 결정을 할 수 없을 것이라며 의아해 하고 있다.

'도시계획이란 도시 생활에 필요한 교통·주택·위생·보안·행정 따위에 관하여 주민의 복리를 증진하고 공공의 안녕을 유지하도록 능률적·효과적으로 공간을 배치하는 계획'이라고 풀이해 두었다. 개발과 보존은 양 수레바퀴와 같다. 문화예술을 지향하는 통영시에는 아직까지 반듯한 시립미술관이 없다. 제대로 된 사설 미술관이 곳곳에 건립된다면 통영시는 열악한 재정 부담을 안고 굳이 시립미술관을 건립할 필요조차 없는 것이다.

남망산공원 안에 있는 시민문화회관의 기능은 2013년 완공되는 통영국제음악당으로 그 기능과 역할이 대폭 옮겨감으로써 자칫 문화 공동화 현상이 발생할 우려도 있다. 김형근미술관은 남망산야외조각공원과 남망갤러리, 시민문화회관 대전시실, 가칭 김형근 미술거리와 어울려 통영문화예술의 발상지였던 남망산공원을 새로운 문화벨트로 엮을 수 있는 절호의 기회였다.

통영의 정서나 통영의 실정을 전혀 알지 못하는 몇몇 위원들의 책상머리 도시계획 결정으로 우리는 진귀한 보물 하나를 잃고 말았다. 대작가를 알아보지 못하는 고향의 몰인정에 넌더리 치며, 작품만 가져오겠다면 얼마든지 미술관을 지어주겠다고 수차례 유치전을 벌였던 서울 근교의 지방자치단체로 발길을 옮기지나 않을지 심히 걱정스럽다.

위 글은 통영인터넷 신문에 기고한 〈김형근미술관〉이라는 수필이다.

미술에 문외한인 내가 국보급 화가를 어떻게 알고 이러한 글을 쓰게 되었는지 궁금해 하는 사람들이 있을까봐 화백과의 인연을 짧게 말하고자 한다.

물론 김 화백의 고향이 산양(세포, 둔전, 죽전)이라는 것과 훌륭한 작가라는 것을 진작 알고 있었지만 공식적으로 인사를 드린 것은 2009년 11월 10일 서울 평창동에 쉐누갤러리에서 있었던 미륵산포럼 회장 이·취임식 및 창립회원전에서였다. 미륵산포럼은 통영 출신 작가들로 서울 등 수도권에 살고 있는 작가들의 모임으로 김형근 화백이 초대 회장을 맡았다. 그때 마침 나는 문화예술계장으로 시장님을 대신해서 본 행사에 참여하였다. 모든 회원들이 환대해 주었고 특히 김형근 화백께서 같은 마을(산양읍 남평리) 출신

221

이라며 유독 좋아했었다. 즉석에서 김 화백으로부터 자화상 스케치를 받는 영광도 안았다. 이후 김 화백의 그림에 빠져들었고 그에 관한 평론도 섭렵하기 시작함으로써 우리나라를 대표하는 정말 훌륭한 화가라는 것을 조금씩 알게 되었다. 이후 김 화백께서 남망산공원 입구의 옛집을 헐고 미술관을 지으려 하는 것을 알게 되었다. 자처해서 심부름꾼이 되었고 행정과 민원 사이에서 중개 역할을 하게 되었다.

　2012년 《산양읍지》 발간을 위해 산양읍 출신 원로들에게 도움을 구해야 했고 문화예술인들을 무게 있게 다룰 계획을 세웠다. 김형근 선생과의 면담을 통해 《산양읍지》 발간에도 적극 협조하겠다는 약속과 함께 산양초·중학교 학생들을 대상으로 '김형근 그림교실'을 개최하겠다는 약속을 이끌어 냈다. 산양초등학교 제1회 졸업생인 노화가는 2012년 11월 26일 모교인 산양초등학교 강당에서 산양 초·중학생을 대상으로 큰 꿈을 심어 주었고 그림 지도까지 맡아줌으로써 또 한 번 고향 사랑을 몸으로 보여 주었다. 어떻게 빈손으로 오겠느냐며 그의 판화 작품을 초·중학교에 각 1점씩 기증하였다.

　이후《산양읍지》발간에 따른 기금으로 보태라며 기증한 '희소식'이라는 작품은《산양읍지》발간에 큰 힘이 되었다. 물론 아직까지 이루어진 것은 아무것도 없지만 앞으로 꼭 우리 통영에 '김형근 미술관'이 건립되리라 확신하는 바이다. 최근 정부가 의욕적으로 추진하고 있는 '규제개혁'의 일환으로 용도지역을 완화해 달라며 경남지사에게 탄원서까지 제출하였으니 이 문제가 원활하게 해결되리라 믿는다.

part 05 | 경상남도
　　　　나전칠기 기술원
　　　　양성소
　　　　―끝내 이루지 못한 그 안타까운 사연

　　　　　　통영나전칠기의 역사는 조선시대 통제영
의 십이공방까지 거슬러 올라간다. 칠방은 각종 수공품에 칠을 했
으며 초기의 칠방에서 상칠방과 하칠방으로 분리되었다가 다시 상
하칠방으로 합방된 이래 칠장방 또는 칠방이라 칭했다. 각종 칠기
에 나전(자개)을 붙이는 작업을 했던 곳이 패부방이다. 통영나전칠

기 제품의 우수성이 널리 알려지면서 19세기 후반에는 수요가 급격히 증가하였다. 특히 통영 부근의 남해안에서 나는 질 좋은 소라, 전복껍질을 이용하여 통영의 우수한 장인들에 의해 제작된 나전칠기 제품을 통영자개라 하여 없어서 못 팔았다.

  1895년(고종 32) 통제영의 폐영과 함께 통영공방 또한 폐방되면서 근세 초 급격한 산업사회의 발달로 대부분의 전래 수공업은 더욱 쇠퇴해지다가 지금은 몇몇 장인들에 의해 그 명맥을 유지하고 있을 뿐이다.

  1950~60년대만 해도 통영시내에는 곳곳에 자개방이 즐비했었다. 어려웠던 시절 웬만한 청년들은 너도나도 나전칠기 기술을 배웠고 웬만큼 사는 가정에서는 나전칠기 제품이 없는 집이 없었다. 얼마나 좋은 나전칠기 제품을 가졌는가가 부의 척도였다. 이러한 통영의 전통공예 발전을 위해 애쓴 사람들이 많았지만 우리는 염색공예가 유강렬을 기억해야 한다. 유강렬은 1947년 작가로서의 활동을 위해 교직을 사퇴하고 사촌 동생 유택렬과 함께 금강산으로 작품 제작차 가던 중 이중섭과 한묵을 만나 온정리의 한묵 집에서 묵는다. 이런 연유로 후일 유강렬이 이중섭을 부산에서 통영으로 데려오게 된다.

  금강산의 신계사에서 작품 제작 중 6·25 전쟁이 터져 동생 유택렬과 함께 금강산을 떠나 월남하여 거제도 장승포를 거쳐 1951년경 부산에 정착한다. 그 전쟁의 참화 속에서도 유강렬은 통영나전칠기의 질적 향상을 위해서는 기능 인력의 조형과 현대적 기술교육이 선행되어야 한다며 서울에서 피난 온 통영 출신 나전공예가 김봉룡의 협조를 받아 관계官界를 설득하여 1951년 경상남도 나전칠기기술원강습소(소장 도지사 양성봉)의 발족을 성사시켰다.

김봉룡은 나전기술 강사로, 본인은 주임 강사로 위촉되어 1954년 4월 최순우의 편지 권유로 상경하여 홍익대 교수가 되기 직전까지 도안교육을 담당하였다. 이때 유강렬은 부산으로 피난 와 떠돌이 생활을 하던 평안도 동향인 이중섭을 통영으로 오도록 권유하였다. 이중섭은 1952년 봄부터 1954년 봄까지 만 2년간 통영에 기거하면서 경상남도 나전칠기기술원강습소 학생들에게 데생을 가르쳤다. 1952년 유강렬, 전혁림, 장윤성과 함께한 4인전을 비롯하여 1953년 40여 점의 작품으로 성림다방에서 개인전을 열었고 통영시절 수많은 작품을 남겼다는 것은 다 아는 사실이다.

　통영생활을 정리하고 홍익대학교에 재직하던 중 1964년 충무시의 요청과 아시아재단의 후원에 의하여 충무시 공예학원 기술 원조를 위한 시찰단을 편성해 현지 조사를 하고 나전공예에 기능인 양성교육과 나전칠기제품 개발에 대한 기술지원이 이루어지도록 하였다. 이 기술지원단은 계속 5년간에 걸쳐 매년 15~20일 동안 파견되었다.

　통영에서 40여 일간 제작하여 완성한 아플리케 기법의 작품〈가을〉이 1953년 제2회 대한민국 미술전람회 공예부문 최고상인 문교부장관상을 수상하였고 역시 통영시절 제작한 나염작품(4폭 병풍)〈향민도〉가 1954년 제3회 대한민국 미술전람회에서 특선으로 국무총리상을 수상하였다.

　이처럼 유강렬은 비록 통영 출신은 아니더라도 통영나전칠기 공예의 발전을 위해 기여한 공으로 친다면 통영나전칠기의 대부라고 해도 전혀 틀린 말이 아니다.

　평론가 오광수는 "염색공예가, 조형(공예)교육가, 판화가, 장식가로 활동하면서 장인 공예를 현대 조형이란 디자인의 개념으로 혁

- 통영나전칠기의 역사를 고스란히 안고 있는 역사적인 건물 앞에는 '이중섭 기거했던 곳'이라는 표지석 하나만이 외롭게 서 있다.
이를 매입하여 나전칠기 체험장을 비롯하여 김봉룡, 유강렬, 이중섭 기념관으로 활용하는 것은 지극히 타당하다 할 것이다.

신, 즉 수공예란 전대적 공예 관념을 현대 조형의 위치로 끌어 올린 데서 그의 공예가로서의 선구적인 입지와 조형교육가로서의 뛰어난 영역을 발견할 수 있다."고 말한다. 1976년 11월 7일 심장마비로 세상을 떠나고 1978년 3월 30일~4월 13일 국립현대미술관이 주최하고 한국미술협회와 한국현대판화가협회가 후원한 '유강렬 초대 유작전'에서 "만날 때는 반갑고 헤어질 때 개운한 사람이었고 숨은 일은 혼자 많이 하면서도 공을 내세우지 않는 사람, 그리고 남을 도와주고도 모른 척하는 사람, 돈이 없어도 구차한 얼굴을 보이지 않았던 사나이, 좋아하면 친구나 선배나 제자를 가릴 것 없이 깊이 마음을 쏟는 성품의 사나이, 그가 바로 유형이라는 사나이였다."고 최순우 국립중앙박물관장은 인간 유강렬을 회고했다.

이처럼 통영나전칠기의 역사를 고스란히 안고 있는 역사적인 건물 앞에는 '이중섭 기거했던 곳'이라는 표지석 하나만이 외롭게 서 있다. 이를 매입하여 나전칠기 체험장을 비롯하여 김봉룡, 유강렬, 이중섭 기념관으로 활용하는 것은 지극히 타당하다 할 것이다. 실무자로서 본 건물을 구입하려고 수차례 시도를 해보았지만 넉넉하지 못한 예산사정으로 늘 후순위로 밀려났다. 2013년 홍준표 도지사 순방 시에는 도비를 지원해 줄 것을 건의했지만 이도 받아들여지지 않았다. 필자는 수차례의 기고문과 《통영과 이중섭》이라는 책을 통해 이의 당위성을 토로했지만 여러가지 연유로 이를 이루지 못하고 있다. 나의 능력 부족이라 생각하여 지금도 가슴 아플 뿐이다.

비록 낡고 보잘것없는 건물이지만 꼭 이 건물 하나라도 제대로 복원·보존해야 하는 것이 그들을 위한 최소한의 예의이자 문화도시를 지향하는 통영시의 자존심이라고 생각한다. 일제강점기에 건축된 일본식 건물들을 복원, 문화벨트로 조성하여 지역경제 활성

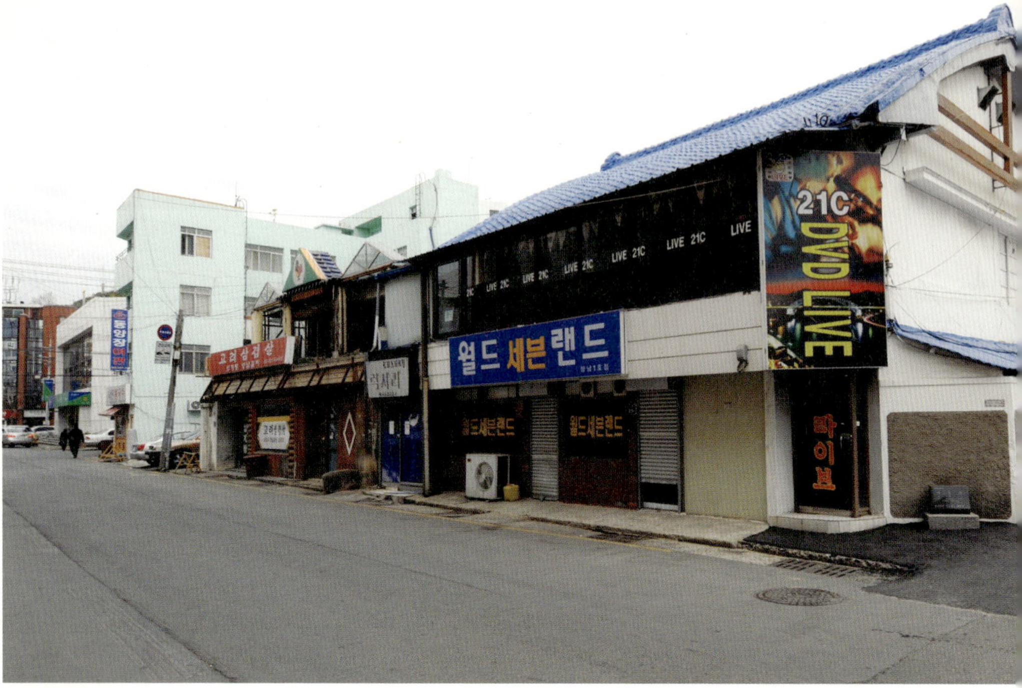
21C
DVD LIVE
LIVE 21C
월드세븐랜드

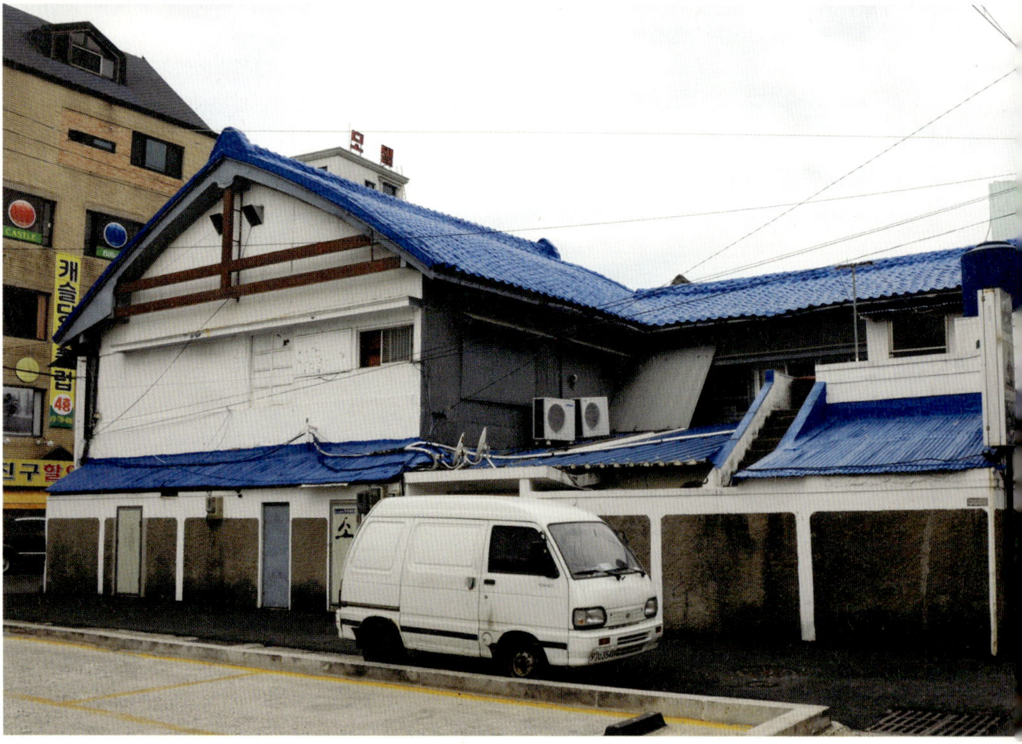
CASTLE

화에 효자 노릇을 하고 있는 군산시의 모델을 예의주시할 필요가 있다.

 2012년경, 경기도 안양에 거주하는 유강렬의 제자인 섬유공예가 신영옥과의 뜻밖의 인연으로 유강렬의 자료 정리와 아울러 통영과의 관계 정립을 위해 대화를 나누던 때가 있었다. 물론 그의 작품이나 자료 대부분은 이미 국립현대미술관과 국립중앙박물관, 홍익대 등에 소장되어 있지만 제자 신영옥이 관리하고 있는 자료를 아무 조건 없이 통영으로 주겠다니 이보다 더 고마운 일은 없을 것이다.

 60여 년 전 통영나전칠기의 부흥을 위해 이곳 통영에서 의기투합했던 두 선각자는 물론 그 난리 통에 통영으로 피난 와 이곳에서 수많은 대표작을 남겼던 천재 화가 이중섭을 기억하는 일에 대한민국 제일의 문화도시 통영이 나서길 기대한다.

part 06

〈돌아가는 배〉 공연
— 시민문화회관 건립 이후 최초로 보조석 깔아

작곡가 윤이상의 생가가 산청이라니?
— 산청은 윤이상의 외가

박경리의 생가
— 하마터면 생가터 찾지 못할 뻔

역사의 섬! 한산도 염개갯벌(쏙잡기 체험)축제
— 임란 유적지 한산도에 이야기의 옷을 입혀야

청마탄생 100주년 기념 깃발축제
— 친일시비를 깨끗이 씻고

통영문학제
— 김춘수·김상옥·김용익의 문학정신 이어받아야

걸망개 당산축제
— 삼월삼짇날 기해 목신에게 바친 제사

part 06 | 〈돌아가는 배〉 공연
— 시민문화회관 건립 이후 최초로 보조석 깔아

　2007년 5월 18일 저녁 7시, 통영시민문화회관에는 새로운 역사 하나가 기록되고 있었다. 1997년 10월 1일 개관 이후 10여 년 만에 관람객이 가장 많이 입장한 날로 기록되었다. 김성우의 〈돌아가는 배〉를 김성옥 배우가 모노드라마로 연출한 공연이 있었던 날이었다. 시민문화회관 통로는 물론이거니와 틈이 있는 곳에는 모두 보조석을 깔았지만 역부족이었다.
　이 공연은 이미 한 달 전 목포에서 초연하였다. 김성우의 〈돌아가

는 배〉는 통영의 배이면서도 목포 MBC공개홀에서 4월 28일 1회, 4월 29일 2회, 4월 30일 1회 등 4회의 공연이 있었다. 놀랍게도 모두 만석이었다. 주인공 김성우 선생의 초청으로 몇몇 지인들과 함께 첫째 날 목포 공연을 관람했다.

　목포는 어떤 곳일까. 물론 김성옥 배우가 목포 출신이긴 하지만 극중 주인공은 통영사람인데도 셀 수 없이 몰려드는 인파를 보고 얼마나 놀랐는지 모른다. 공연 내내 숨을 쉴 수가 없었다. 아니 숨이 멎을 것만 같았다. 어떻게 하면 저 공연을 통영에 유치할 것인가를 고민하고 있었다. 어느새 공연은 끝나고 우레 같은 박수 소리에 정신이 번쩍 들었다.

　공연 이후 가진 리셉션까지 참여한 이후 우리는 통영으로 돌아오는 차 안에서 통영공연에 대해 일행들과 함께 의견을 교환한 결과 모두 통영공연 유치에 대찬성이었다. 기쁜 마음에 며칠간 잠을 잘 수가 없었다. 갑자기 생긴 일이라 시(문화예술과)에서는 예산도 없

었다. 그렇다고 이를 유치할 마땅한 단체도 없었다. 그때 마침 문화예술과에 근무하면서 통영문인협회에서도 활동하고 있었다. 〈돌아가는 배〉라는 문학작품을 대사로 한 모노드라마이므로 문인단체가 맡아도 하등의 이상한 일이 아니었다. 모든 경비는 입장료 수입으로 충당할 수 있겠다는 자신이 생겼다. 물론 실패할 수 있겠지만 실패가 두려워 이런 공연을 유치하지 못한다는 것은 말도 안 되는 일이었다. 주관 단체를 통영문인협회로 내세우고 대관에서부터 모노배우와 캐스터(15명) 섭외, 입장권판매, 홍보 등 총괄 계획을 수립하여 통영문인협회 임시총회를 소집, 정식 안건으로 상정하여 승인을 받아 내었다. 통영문인협회와 통영연극협회가 공동 주관하고, 통영시, 한산신문사, 통영신문사, 21세기조선소가 후원했다. 아래와 같은 홍보문안을 작성하여 지인들에게 메일로 송부하는가 하면 모든 방법을 총동원하여 홍보에 주력했다.

'돌아가는 배' 통영에 입항하다

"나는 돌아가리라.
내 떠나온 곳으로 돌아가리라.
빈 배에 내 인생의 그림자를
달빛처럼 싣고 가리라."

당대 최고 명문장을 무대화한 '돌아가는 배 귀향 공연'은 우리 고장 출신 김성우 님의 섬을 떠나 섬으로 돌아오기까지의 사향思鄕의 노래입니다. 지난 4. 28.~4. 30.(4회 공연)까지 목포에서 공연된 이후 작가의 고향이자 작품의 무대인 통영으로 돌아왔습니다. 우리 모두 발 벗고 마중 나갈 일입니다.

목포MBC 공개홀이 4회 모두 만석된 것을 보면서 한편으로 부럽기도 하고 또 한편으로는 부끄럽기도 했습니다. 우리 시에서 초연되

지 못한 것이 못내 아쉽지만, 이를 유치해온 만큼 우리 모두 자랑스럽게 시민문화회관의 객석에 앉을 때 예향 통영의 품격은 더한층 높아질 것입니다.

가족과 친지와 이웃과 함께 '돌아가는 배'에 동승해서 오랜만에 가슴 뭉클한 감동을 함께 느껴보자고 티켓 몇 장 보냅니다. 티켓은 매당 1만 원입니다. 현금으로 정산하기 번거로우시면 농협 871-01-235593 김순철로 송금하셔도 됩니다. 아울러 강매는 아니므로 하다 하다가 안 되면 돌려주셔도 좋습니다. 갓 씻은 처녀의 얼굴보다 더 아름다운 5월, 가족과 함께 늘 건강하고 행복했으면 좋겠습니다.

2007. 5. 10 통영시 문화예술과 김순철 드림

이러한 홍보문안이 나가자 여러 지역신문에서 큰 관심을 보이며 이를 앞다투어 보도했다. 모 지역신문의 기사 내용이다.

'돌아가는 배' 드디어 통영 입항

**18일 오후 7시 통영시민문화회관, 김성우 비코로버 드라마,
김성옥 배우 모노드라마**

"나는 돌아가리라. 내 떠나온 곳으로 돌아가리라. 출항의 항로를 따라 귀향하리라. 젊은 시절 수천 개의 돛대를 세우고 배를 띄운 그 항구에 늙어 구명보트에 구조되어 남몰래 닿더라도 귀항하리라"

돌아가는 배의 작가 김성우金聖佑 씨는 자신과의 약속대로 2004년 욕지면 동항리 자부랑개에 집을 지어 귀향했다. 이젠 그 약속을 에세이집이 아닌 한 편의 모노드라마로 고향 사람들에게 선사한다.

어느 바람 부는 날 욕지도에서 출생한 돌아가는 배의 저자 김성우는 서울대 정치학과를 거쳐 한국일보사에 입사, 파리특파원, 편집국

장, 주필 등을 거치며 44년 동안 근속한 언론인이다. 우리나라 최초의 명예시인이자 유일한 명예배우로 대한민국문화예술상, 서울시문화상, 삼성 언론상 등을 받은 이다.

그의 《돌아가는 배》는 1992년 발행된 자전적 에세이집이다.

맛있고 멋있는 인생 역정의 사색이 미려한 문체 속에 그대로 녹아 월간 조선이 선정한 한국 100대 명문의 하나로 선정된 책이기도 하다.

대배우 김성옥에 의해 통영 무대에 오르게 되는 '돌아가는 배'는 모노드라마 형식이면서 음악과 춤, 영상 등의 모든 매체가 동원되는 비크로버 드라마이다.

지난달 전남 목포에서 초연, 4회 공연 모두 매진을 기록하고 앵콜 공연을 약속한 상태다. 작품의 배경인 통영에서 초연되지 못한 것이 아쉬움으로 남지만 통영문인협회와 통영연극협회가 나서서 오는 18일 오후 7시 통영시민문화회관 대극장 무대에 올린다. 옛 시절의 정취와 섬 문화, 고립된 섬사람들과 뭍사람들이 정취가 흠뻑 느껴지는 이야기가 흐르는 '돌아가는 배'에 동승해 보자.

입장료는 1만 원, 예매처는 농협중앙회 통영시청 출장소, 청마문학관, 충무도서, 이문당서점, 통영서점, 명성레코드, 한산신문사이다.

김성우 선생과 의논하여 포스터 제작, 입장권 제작, 음향, 연출, 배우 섭외, 작가 사인회, 홍보, 입장권(10,000원) 판매, 판매처(이문당서점, 통영서점, 충무도서, 명성레코드, 한산신문사, 청마문학관, 농협중앙회 통영시청출장소)지정, 리셉션까지 하나하나 빈틈없이 일을 착착 진행시켰다.

하루 전날 배우, 출연진, 음향·조명기사 등 관계자들이 모인 가

운데 리허설이 있었고 모든 준비는 끝나고 드디어 5월 18일 그날이 왔다. 목포 공연 이후 18일 만의 일이었다. 물론 사전 어느 정도의 매표가 이루어지긴 했지만 그래도 안심할 수가 없었다. 그런데 공연 시작 전 이상한 일이 벌어졌다. 문화회관 로비 앞에 장사진을 치고 선 관객들을 보고 있노라니 왈칵 눈물이 쏟아질 것만 같았다. 1·2층 880석의 객석이 모두 차고 자리가 모자랐다. 미처 입장권을 구입하지 못한 사람들이 즉석에서 표를 구입하는 등 대만원이었다. 객석의 중간 통로를 다 채우고 옆과 뒤편 공간에도 입추의 여지없이 관람객들이 꽉 찼다. 시민문화회관이 생기고 처음 있는 일이었다. 정원 이상의 많은 관객이 음향을 흡수하는 바람에 배우의 육성이 관객들에게 잘 전달되지 않는 문제가 발생할 정도였다. 대성공이었다. 배우, 관객 모두 흡족한 공연이었다. 공연 종료 후에는 저자가 직접 《돌아가는 배》를 구입한 관람객들에게 일일이 사인을 해 주었다. 정말 행복한 날이었다. 오늘만큼은 통영을 예향이라 불러도 좋은 날이었다. 공연 이후 출연진들과 가진 만찬에서도 이구동성으로 통영의 저력에 놀랐다며 감탄해 마지않았다.

입장료 수입으로 공연에 따른 비용을 다 지급하고도 수백만 원의 흑자를 내었다. 물론 이는 통영문인협회 기금으로 활용함으로써 가난하기만 했던 통영문인협회가 한 단계 발전하는 계기가 된 것은 아무도 부인할 수 없다. 당시 함께 목포공연에 참여했던 정해룡, 박순생, 강재남, 권숙이, 강권옥 씨에게 감사드린다. 아울러 본 공연을 유치할 수 있도록 힘을 합해 준 당시 김상영 문화예술과장을 비롯한 통영문인협회, 통영연극협회 회원 여러분께도 깊이 감사드린다. 특히 우리를 끝없이 행복하게 해 주고 우리에게 예향 시민으로서의 자긍심을 드높여 준 김성우 선생에게 깊이 감사드린다.

part 06 | 작곡가 윤이상의 생가가 산청이라니?
―산청은 윤이상의 외가

최근 윤이상 선생의 생가터 보존문제를 두고 그의 고향 통영이 시끌벅적하다. 도시계획도로에 편입되었던 생가는 이미 헐리었고 그곳으로 도로가 개설될 계획이다. 한 위대한 예술가가 나고 자란 생가터는 아주 중요한 의미를 지니고 있는 만큼 시민단체와 행정, 유족 등 이해관계인들이 슬기롭게 풀어나가리라 기대한다.

나는 몇 년 전부터 훗날을 위해 윤이상 선생의 출생지를 정확히 정립해야 한다는 일관된 주장을 펴왔다. 2007년 9월 이수자 여사의 통영 방문을 계기로 윤이상 선생의 생가 문제에 대해 생각해 보자는 취지로 편지 형식의 〈윤이상의 외가〉라는 글을 발표한 적이 있다.

이수자 여사님께!

여사님께서는 세계적인 작곡가 '윤이상 선생 탄생 90주년(2007. 9. 17.)'을 맞아 지난 9월 10일 고국 땅을 밟은데 이어 9월 14일 고향 통영을 방문하였습니다. 40여 년 만의 귀향은 한 편의 드라마였습니다. 더더욱 선생께서 꿈에도 잊지 못하던 고향 통영 방문은 감동 그 자체였습니다. 우리 모두 불귀의 넋이 되어 돌아온 선생을 대문 활짝 열고 맨발로 뛰어나가 맞았습니다. 하얀 물새 소리, 파도 소리도 쓸쓸히 내리는 초가을 이슬비마저도 선생의 귀향을 환영했습니다.

윤이상 선생께서 운명하시기 며칠 전 고향에 대한 향수를 이기지 못해 현해탄을 건너 수평선 너머의 통영항을 바라보고 되돌아 가셨다는 이야기는 우리의 가슴을 찡하게 합니다. 한려수도를 따라 점점이 떠있는 250여 개의 섬들이 일제히 일어서서 오케스트라를 연주하듯 선생의 음악으로 고향 방문을 노래하였습니다. "윤이상 선생께서 살아서 돌아오셨다면 얼마나 기뻐했을까. 통영에 한 번이라도 왔으면 평생의 한을 한꺼번에 씻어버렸을 것"이라며 안타까워하시던 여사님의 모습을 보며 선생의 절절한 고향 사랑을 느낄 수 있었습니다.

이처럼 한 예술가를 키운 고향은 위대합니다. 선생께서 몽매에도 잊지 못한다는 고향 통영 앞바다에는 오늘도 어부들의 노랫소리, 멸치잡이 배의 어요 소리가 들리는 듯합니다. 이따금 동네를 시끄럽게 하던 유랑극단의 소리와 통영오광대의 음악 소리, 먼 절에서 들려오던 풍경 소리, 제삿날 청동제기 부딪치는 소리는 선생의 음악을 키운 자양분이었습니다. 고향의 산천과 바다와 하늘은 모두 작품의 무대입니다.

우리는 일찍이 통영국제음악제를 열었고 이제 그 음악을 담을 윤이상 음악당을 짓고 생가 주변을 윤이상 공원으로 꾸밀 꿈에 부풀어 있습니다. 온 세계에 대고 통영은 음악의 도시, 윤이상의 도시라고 고함쳐도 이의를 제기할 사람은 아무도 없습니다.

그런데 고향 방문 끄트머리에 느닷없이 산청을 찾아가 "남편의 생가는 산청이고 고향은 통영이다"는 이해 못할 말 한마디로 인하여 우리 모두 어안이 벙벙합니다.

위대한 예술가의 업적을 기리고 기념하는 곳이 꼭 통영이어야만 한다고 생각하지는 않습니다. 그러나 한 위대한 예술가는 그 고향의 바람과 구름과 하늘이 키운다고 합니다. 죄송합니다만, 여기에서 선생의 어머니와 출생에 대해서 말씀 드리지 않을 수가 없습니다.

윤이상 선생께서는 살아생전 루이제 린저와의 대담에서 "내 어머니는 별로 행복하지 않았습니다. 어머니는 아버지의 두 번째 부인이었어요. 어머니는 아버지와 신분이 달랐는데 평범한 농민 집안 출신이었어요. 양반은 계급의식이 아주 강해서 내 어머니는 시댁의 가족들에게 제대로 대우를 받지 못했고 그걸 힘들어 했습니다. 가족도 고향도 관습도 모두 어머니에게는 낯설어 언제나 고통스러워했습니다. 그러던 어느 날 어머니는 더 이상 참을 수가 없어서 나를 데리고 집을 나왔습니다. 어머니가 그 이야기를 나에게 해주신 것은 훨씬 뒤의 일입니다. 어머니가 돈 한 푼 없이 몰래 나를 데리고 나왔을 때 나는 돌이 좀 지났을 때라 아직 젖을 먹고 있었습니다. 어머니는 양친이 계신 집(친정)으로 돌아가셨던 것이지요. 어느 날 아버지가 찾아와서 집으로 돌아가자고 어머니에게 사정했고 어머니는 나를 데리고 통영으로 돌아왔습니다."라고 어머니와 출생지에 대해서 상세히 이야기하였습니다. 즉 통영에서 출생하여 돌이 지날 무렵 잠시 산청 외가로 갔다가 통영으로 돌아온 때가 세 살이라는 이야기입니다. 이 사실은 그 누구도 아닌 윤이상 선생 자신이 말씀한 생생한 증언입니다.

그런데 이 여사님께서는 '내 남편 윤이상' 이라는 책자의 연보에서

"윤이상은 1917년 9월 17일 산청군 덕산면에서 부친 윤기현과 모친 김순달 사이에서 장남으로 태어났으며, 세 살 때 통영으로 이주했다."고 기술함으로써 윤이상 선생의 출생지 논란의 빌미를 제공하고 말았습니다.

여사님께서는 통영 방문 환영 만찬자리에서 "윤이상의 생모가 산달이 다 되어 친정(외가)에 가서 아이를 낳고 산후 조리를 하고 왔다. 그렇다고 해서 산청이 고향이 될 수 없다."고 말씀하셨습니다. 지당한 말씀입니다. 십분 양보하여 선생께서 산청에서 태를 끊었더라도 그곳은 외가이지 출생지나 생가가 될 수 없는 것입니다. 윤이상 선생의 외가가 산청이라고 해야 옳았습니다. 태를 끊은 그곳이 한 위대한 예술가의 작품에 미친 영향이 어떤 것인지 정말 궁금할 따름입니다.

한편, 친정으로 아기를 낳으러 갔다는 말은 아기를 낳기 전에는 시가에 살았다는 말입니다. 큰어머니가 아들을 낳지 못하여 새장가를 갔고, 그토록 바라던 귀한 손자를 낳았는데 산후조리를 마치자마자 시가로 불러들이지 않고 세 살 때까지 외가에 방치했다는 것은 도저히 이해할 수가 없습니다.

선생의 부모를 비롯한 부조父祖가 조상 대대로 통영에 뿌리를 내리고 살았는데 세 살 때 산청에서 통영으로 이주移住해 왔다는 말씀은 더더욱 왜곡된 사실입니다.

나는 언론에 대서특필된 생가가 도대체 어디인지 찾아 나섰습니다. 지난 9월 29일 산청군 시천면 사리 양당마을과 산천재, 덕산서원 등을 다녀왔습니다. 통영으로 돌아온 뒤 한 번도 가보지 못한 당신의 외가(생가)를 아는 사람은 단 한 명도 없었으며, 기록으로 보존된 것도 찾을 길 없었습니다. 군청, 면사무소 그 어디에도 생모(김순달)의 호적이 남아 있을 리 만무합니다.

우리는 또다시 한 예술가의 출생지 문제로 법정 싸움을 할 여력도 없고 또 그러고 싶지도 않습니다. 그러나 생가(출생지)와 외가를 구별하지 못하는 우를 범하여 지하에 계시는 선생의 명예에 먹칠할까봐 감히 두렵고 두려울 뿐입니다.

산청 방문 시 이수자 여사의 이야기를 듣고 산청군이 깜짝 놀랐다. 생각지도 않았는데 윤이상의 생가와 고향이 산청이라니 어안이 벙벙하지 않을 수 없었을 것이다. 산청군수가 나서서 윤이상의 생가를 복원하겠다는 발표까지 하는 촌극이 벌어졌다. 물론 그 어떠한 근거도 찾을 수 없자 이를 포기하고 말았지만 참 어이없는 에피소드였다.

윤이상 평화재단조차도 홈페이지에 선생의 출생지를 잘못 표기해 놓았다. 이를 시정해 달라며 공식 건의를 해보았지만 아직도 묵묵부답이다. 당시 건의서 내용을 공개한다.

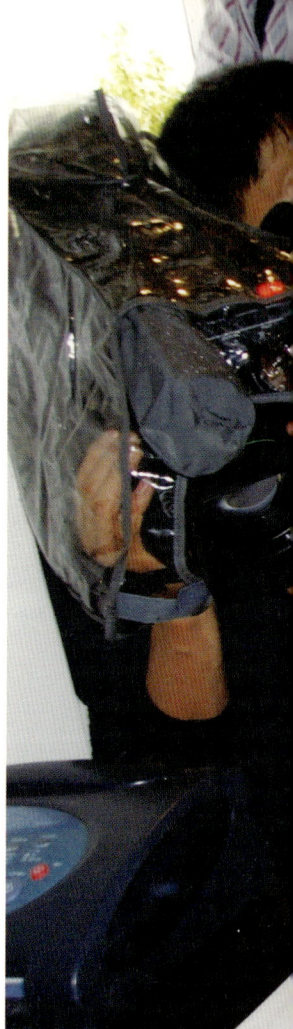

건 의 서

1. 현대 음악의 거장 윤이상 선생의 선양사업에 애쓰시는 귀 재단의 노고에 진심으로 감사드립니다.
2. 잘 아시는 바와 같이 우리시는 통영국제음악제를 비롯하여 윤이상 콩쿠르 등 소프트웨어는 물론 윤이상공원(기념관)조성, 윤이상 베를린 자택 건립 등 하드웨어 측면에서도 선생의 음악적 업적을 기

리기 위해 혼신의 노력을 다하고 있습니다.

  귀 재단에서 운영하고 있는 홈페이지의 윤이상 선생 생애 중 출생 부분에 대해 기술한 부분이 다소 착오가 있어 이를 수정해 줄 것을 건의하는 바입니다.

  윤이상평화재단의 기록에 의하면 선생께서는 1917년 9월 17일 산청군 덕산면에서 선비 출신의 부친 윤기현과 농가 출신의 모친 김순달 사이에서 장남으로 출생하여 1920년 통영으로 이주했다고 기록하고 있습니다.

그런데 위 내용은 그 어느 공부로도 확인할 수 없을 뿐만 아니라 선생이 산청에서 통영으로 이주해 왔다면 이미 오래전부터 부모가 산청에 살고 있었어야 통영으로 이주를 해올 수 있는 것인데 이는 전혀 근거가 없는 주장입니다.

통영시의 공부에 의하면 윤이상 선생은 1917년 9월 17일 통영군 통영면 도천리 157번지(현 통영시 도천동 157번지- 제적부 참조)에서 출생하였다고 기록하고 있습니다.

공부상으로는 증명되지 않지만 선생님의 증언에 의해 생모는 산청군 덕산면 출신의 김순달(실제 호적부 상의 모는 추부규임)이라는 것은 사실입니다.

윤이상 선생님께서는 살아생전 루이제 린저와의 대담에서 "내 어머니는 별로 행복하지 않았습니다. 어머니는 아버지의 두 번째 부인이었어요. 어머니는 아버지와 신분이 달랐는데 평범한 농민 집안 출신이었어요. 양반은 계급의식이 아주 강해서 내 어머니는 시댁의 가족들에게 제대로 대우를 받지 못했고, 그걸 힘들어 했습니다. 가족도 고향도 관습도 모두 어머니에게는 낯설어 언제나 고통스러워했습니다.

그러던 어느 날 어머니는 더 이상 참을 수가 없어서 나를 데리고 집을 나왔습니다. 어머니가 그 이야기를 나에게 해주신 것은 훨씬 뒤의 일입니다. 어머니가 돈 한 푼 없이 몰래 나를 데리고 나왔을 때 나는 돌이 좀 지났을 때라 아직 젖을 먹고 있었습니다. 어머니는 양친이 계신 집(친정)으로 돌아가셨던 것이지요. 어느 날 아버지가 찾아와서 집으로 돌아가자고 어머니에게 사정했고 어머니는 나를 데리고 통영으로 돌아왔습니다."라고 어머니와 출생지에 대해서 상세히 이야기하였습니다.

즉 통영에서 출생하여 돌이 지날 무렵 살기 힘들어 잠시 산청 외가로 갔다가 통영으로 돌아온 때가 세 살이라는 이야기입니다. 이 사실은 그 누구도 아닌 윤이상 선생님 자신이 말씀한 생생한 증언입니다.

2008년 이수자 여사님께서는 통영 방문 환영만찬 자리에서 "윤이상의 생모가 산달이 다 되어 친정(외가)에 가서 아이를 낳고 산후 조리를 하고 왔다. 그렇다고 해서 산청이 고향이 될 수 없다."고 말씀하셨습니다. 이 말씀 또한 윤이상 선생의 증언과는 사뭇 다릅니다.

십분 양보하여 선생님께서 산청에서 태를 끊었더라도 그곳은 선생의 외가이지 출생지나 생가가 될 수 없는 것입니다. 친정으로 아기를 낳으러 갔다는 말은 아기를 낳기 전에는 시가媤家에 살았다는 말입니다. 큰어머니가 아들을 낳지 못하여 새장가를 갔고 그토록 바라던 귀한 손자를 낳았는데 산후조리를 마치는 대로 시가로 불러들이지 않고 세 살 때까지 외가에 방치했다는 것은 도저히 이해할 수 없습니다. 선생님의 부모를 비롯한 부조가 조상 대대로 통영에 뿌리를 내리고 살았는데 세 살 때 산청에서 통영으로 이주(이사)해 왔다는 말씀은 더더욱 왜곡된 사실입니다.

위 사실을 잘 확인하셔서 수많은 국민들과 자라나는 청소년들이 혼란스럽지 않도록 사실에 근거하여 홈페이지의 출생지 기록을 수정해 주실 것을 간곡히 부탁드리오니 처리하여 주시기 바랍니다.

2010. 11. 경상남도 통영시장

part 06 | 박경리의
         생가
         ─하마터면 생가터 찾지 못할 뻔

통영이 낳은 한국문학의 거봉 박경리의 출생지는 정확히 통영시 충렬1길 76-38 (문화동)이다. 이곳은 구 명정동과 문화동을 경계 짓는 고지대인 지금의 배수지 주변이다. 서문고개에서 '뚝지먼당'으로 가는 길 언저리의 골목 안에 위치해 있다. '뚝지먼당'이라는 지명은 옛날 이곳에 독사纛祠가 있던 언덕 위라 하여 '뚝지(纛址)먼당' '쭉지먼댕'이라 불렸다. 즉 독纛(군중의 대장 앞에 세우는 삼지창에 붉은 깃털이 많이 달린 기)이 있던 터址를 말함인데 독지를 둑지, 뚝지로 불렀다.

경상도에서는 흔히 팔을 폴로, 팥이 퐅으로, 파리를 포리로 발음하듯이 독사가 둑사, 뚝사로 불리었다. 그곳에는 군영과 장군의 상징인 독기를 걸어놓고 독신을 수호신으로 모시고 춘추로 통제사가 직접 군영과 백성들의 무운장구를 비는 제사를 지냈는데 이를 '독제'라고 한다. 그리고 독신을 모신 사당을 '독사' 또는 '독소'라 하였다.

선생의 생가 진입 골목 입구에는 선생이 친히 쓴 소설 〈김약국의 딸들〉의 작품무대였던 '서문고개'라는 표석이 서 있다. 선생께서는 2007년 12월, 81회 생신을 맞아 손자까지 대동하여 통영으로 휴가를 온 적이 있었다. 물론 이 방문이 마지막 통영 방문이 될지 아무도 몰랐다. 이런 기회를 통해 선생의 생가터라도 정확히 알아두어야겠다는 생각이었다. 마침 박경리문학관 부지(당시 통영충렬사 밑 정문집 주변)를 둘러볼 계획이 있다는 것을 알고 미리 호적을 중심으로 요약한 선생의 생가와 관련한 쪽지 한 장을 써서 선생님께 보여드렸다. 선생께서 이를 찬찬히 보시고 그곳(문화동 328-1번지)이 틀림없는 생가라고 증언해 주었다.

물론 명정동, 태평동 등에서도 살았지만 이는 훗날 이사해서 살았다는 것도 아울러 말씀해 주었다. 선생이 태어났던 집은 여러 사람의 손을 거쳐 현재 평범한 시민이 살고 있는 가정집이다. 뿐만 아니라 1920년대 선생이 태어나던 때의 모습과는 전혀 상관없는 양옥집으로 변해 큰 의미를 부여할 수 없다. 그러나 훗날을 위해 위대한 한 작가의 생가가 어디에 있었다는 것쯤은 분명히 정리해 두어야 할 필요가 있다 할 것이다.

집 주인에게 양해를 구한 후 담벼락에는 생가 안내 표지판을 붙이고 '걸어서 떠나는 이야기가 있는 역사문화기행' 코스에 포함시켜 동선을 연결해 두었다.

자신의 출생에 대해서 상세히 밝힌 시 한 편이 있다.

>   나의 생년월일은
>   1926년 음력 10월 28일이다
>   한국 나이로 하자면
>   아버지가 18세 어머니는 22세에
>   나를 낳았다
>
>   가난했던 외가였지만
>   혼인한 지 사오 년이 되도록
>   아이를 낳지 못하는 딸자식을 근심하여
>   이웃에 사는 도사
>   그러니까 축지법을 쓴다는
>   황당한 소문이 있는 도사에게
>   자식을 점지해 달라고
>   외할머니가 부탁하여

덤불(山祭)를 올렸다는 것인데
그것이 영험으로 나타났던지
바람 잡아 나간 아버지가
섣달그믐 날 난데없이 나타났고
어머니는, 어머니의 말을 빌리자면
두 눈이 눈깔사탕같이 파아랗고
몸이 하얀 용이 나타난 꿈
그것이 태몽이었다는 것이다
하여 어머니도 주위 사람도
아들이 태어날 것을 믿었다고 했다

고된 시집살이였던 그때
어머니는

어른들 저녁 차림을 하고 있었던 참에
갑자기 산기가 있어
마침 그날 도정해다 놓은 쌀가마에서
쌀을 퍼 담고
친정으로 오자마자 나를 순산했으며
술시라던가 해시라던가
아무튼 초저녁이었다는 것이다
계집아이의 띠가
호랑이라는 것도 그렇거니와
대낮도 아니고 새벽녘도 아니고
한참 호랑이가 용을 쓰는
초저녁이라
그 팔자가 셀 것을 말해 뭐하냐
어릴 적에 나는
그 말을 종종 듣기도 했고
점쟁이는 팔자가 세니
후취로 시집보내라 그랬다는 것이다
그러나 어머니는
딸이라 섭섭해 한 적은 없었다고 했다
나를 낳고 젖몸살을 앓은 어머니가
젖꼭지를 아이에게 물릴 때마다
아파서 얼굴을 찡그리는 것을 본
나이 어린 신랑이
신통하게도
젖꼭지랑 젖병을 사들고 왔더라는 것이다
어머니가 유일하게

아버지로부터 받은 애정인 셈이다

그러저러한 사연을 지니고
다른 아이들과 별반 다를 것 없이
나는 세상에 떨어졌던 것이다
하나 사족을 달자면
용을 본 것이 태몽인데
공교롭게도
어머니의 이름이 용수龍守였다
본명은 선이라 했으나
어릴 적에 죽은 바로 위의 오빠
그의 이름이 용수였고
어떻게 된 일인지
호적상으로 어머니가
물려받게 된 것이라 했다
땅문서 집문서의 소유주 이름은 물론
문패에도 어머니의 이름은
김용수金龍守였다"
　　　　　—박경리 시집 《버리고 갈 것만 남아서 참 홀가분하다》
　　　　　　〈나의 출생〉에서

  이 시를 읽으면 박경리의 가족사와 태어난 배경을 소상히 알 수 있다. 나이 어린 아버지는 바람기가 많아 딴살림을 차리고 용꿈을 꾸고 난 후 태어난 박경리는 태몽대로 한국문학사의 거목이 되었음을 알 수 있는 시다.

part 06　역사의 섬! 한산도 염개 갯벌 (쏙잡기 체험) 축제

— 임란 유적지 한산도에 이야기의 옷을 입혀야

이렇게 많은 사람이, 도대체 어디에서 어떻게 알고 끝도 없이 밀려드는 것인가. 기쁨보다는 오히려 찾아오는 사람이 두렵다. 준비하지 못한 체험 도구들은 다 어떻게 조달한단 말인가. 도구를 지급받기 위해 늘어선 줄이 몇백 미터다. 저 많은 사람들을 어떻게 다 설득시킬 것인가. "처음 하는 행사라 모든 것이 부족하다. 내년에는 보완·발전시켜 이런 일이 없도록 하겠다. 이해해 달라."고 수차례 방송은 했지만 관광객들의 불만이 이만저만이 아니었다. 제승당으로 소고포로 물밀듯이 밀려 들어오는 축제 참가자들이 인산인해를 이루었다. 이렇게 많은 사람들이 밀려들어 올지 꿈에도 생각하지 못했다. 이는 지난 2005년 5월 7일 있었던 '제1회 염개 갯벌 축제 - 쏙잡기 체험축제' 의 당일 상황이다.

축제는 오후 1시 개막식을 시작으로 쏙 잡기 체험, 바지락 캐기 참여, 쏙 요리 및 전통 음식 시식회 등 다양한 이벤트를 마련했다. 이날 쏙 잡기 체험축제에 참가한 관광객을 대상으로 이충무공상, 원균장군상, 이억기장군상, 기효근장군상, 김천손목동상을 수상하는 사람에게는 대고포산 쌀, 추원산 마늘, 하포산 홍새우, 대고포산 바지락조개 꼬챙이, 호두산 미역 등 지역 특산품을 부상으로 지급함으로써 지역 특성을 살렸고 임란유적

을 접목하였다. 이 외도 한산농협 주관으로 특산품 판매장이 개설되고 참가한 관광객들은 대고포 자연생태마을도 탐방할 수 있도록 기획하였다.

통영시의 예산 지원이나 인력 지원 없이 순수 마을주민(대고포 어촌계)들의 힘으로 축제를 처음 만들어 이루어낸 첫 성과이다. 양 선사를 통해 집계한 관광객 숫자만 해도 약 5,000여 명, 한산도가 생긴 이래 가장 많은 외부인이 섬으로 들어온 날로 기록되었다. 물론 지역경제에 미친 영향 또한 엄청났다.

2005년 4월 22일 난생처음 한산면으로 발령받아 약 14개월 동안 그곳에서 근무한 적이 있었다. 한산면 염호리 대고포 마을은 한산도 제승당과 가장 가까운 거리에 위치해 있고 자연이 살아 숨 쉬는 친환경 생태마을이다. 대고포 저수지를 경유해 흘러내리는 실개천에는 참게, 다슬기, 거북 등이 다량 서식하고 있다. 특히 마을 앞에 펼쳐진 넓은 갯벌은 그야말로 한산만의 허파 역할을 충분히 해내고 있다. 바지락, 백합, 돌굴, 쏙 등 갯벌에서 나는 해산물은 그 맛이 좋기로 유명하다. 한산도산 바지락은 대고포 바지락이 그 명성을 대변한다.

염개鹽浦라 불리는 이 갯벌은 임진왜란 당시 이 충무공께서 직접 천일염전을 일구어 사용했다는 기록이 남아있다. 인근에는 병선을 만들었던 너추리, 군수용 창고가 있었던 창동, 전선을 정박했던 입정포 등 임란의 유적이 곳곳에 위치해 있다. 이토록 천혜의 자연 조건을 두루 갖춘 곳이라면 갯벌체험 축제 하나 기획하면 대박을 터뜨릴 수 있다는 생각에 한 며칠간 잠을 이룰 수가 없었다.

5·31 지방선거와 겹쳐 새로 시작하는 축제를 위해 시 예산을 지원받지 못하는 것이 못내 아쉬웠지만 중도에 포기할 수 없었다. 축

제 기간 또한 지방선거일로 인하여 선택의 폭이 좁아질 수밖에 없었다. 그러나 시작이 반 아니던가. 나름대로 밑그림을 그려 이용남 면장에게 대강의 기획안을 설명 드렸다. 긴가민가 망설이는 면장께 꼭 성공할 수 있으니 해보자며 설득한 결과 결재를 받았고 마을 이장과 어촌계장을 앞세워 마을회관에서 주민 설명회를 가졌다. 지성이면 감천이라고 주민들의 반응도 의외로 좋았다. 힘이 솟구쳤다.

추봉연도교 현장사무소장을 찾아 장비와 물자 등을 지원해 줄 것을 부탁하자 쾌히 승낙했다. 실제 일을 맡아야 할 직원들도 기회 있을 때마다 공무원은 봉급으로 사는 것이 아니라 일과 보람으로 산다며 설득하기 시작했다. 특히 함께 근무하던 이혜경 직원의 도움은 축제를 성공적으로 개최하는 디딤돌이 되었다.

축제 준비 기간 중 가능하면 관사官舍에 기거하면서 모든 일을 진두지휘했다. 새벽마다 마을에 나가 마을 주변을 정비했다. 축제 기간이 다가올수록 말끔히 정비되어가는 축제장 주변을 보면서 육신은 피곤했지만 마음은 기쁨으로 충만했다.

어디 가도 할 수 있는 단순한 갯벌 체험축제가 아니라 임진왜란이라는 역사적인 사건과 접목시킨 축제라야 성공할 수 있다는 신념으로 홍보용 플래카드나 팸플릿 하나에도 신경을 써야만 했다.

이렇게 완벽하게 준비를 다해 놓았는데도 마음이 놓이지 않았다. 아무도 가지 않은 길을 간다는 것이 이토록 고독하고 외롭다는 것을 또 한 번 절실히 느꼈다. 사람이 적게 오면 어쩔까. 사람이 상상 외로 많이 오면 어떻게 할까. 육지 같으면 그때그때 상황에 맞춰 신속히 움직이면 되지만 한 시간에 한 번씩 여객선이 오고가는 섬이라는 특수한 사정이라 모든 것이 용이하지 않았다.

게다가 축제를 불과 며칠 앞두고 마을 이장이 목 수술을 위해 병

원에 입원까지 하는 사태가 벌어지고 말았다. 이런 일을 두고 호사다마好事多魔라고 하는 것일까. 축제 첫날 아침부터 예기치 못한 사태가 벌어졌다. 처음부터 너무 무리한 기획을 한 것은 아닌지 자꾸만 뒤가 돌아다 보였다.

 하지만 이미 과녁을 떠난 화살이었다. 축제가 시작되자 밀려 들어오는 관광객으로 인하여 정신을 차릴 수가 없었다. 문을 열자마자 호미, 장화, 붓 등 체험도구가 바닥나 버렸다. 몇 번을 공수해 와도 또 모자랐다. 왜 이토록 많은 관광객이 찾아올 것을 예상하지 못했을까. 축제를 앞두고 나간 신문, 방송의 위력이 이토록 대단한지 몰랐다. 한 마디로 인산인해였다.

 다음날도 마찬가지였다. 전국에서 구름처럼 몰려든 인파가 축제의 열기를 말해주고 있었다. 한산도가 생긴 이래 가장 많은 외래 관광객이 섬을 찾았다고 이구동성으로 입을 모았다. 일단 축제는 성공으로 기록되었고 지역경제에도 크게 기여한 것으로 평가되었다. 지역특성을 살린 소규모 축제가 성공할 수 있다는 사례를 보여주었다. 시의 예산 지원을 한 푼도 받지 않고 순수 민간단체가 해낸 축제

라 더욱 빛나는 것이다.

마을 어르신들, 이장, 어촌계장, 부녀회장, 새마을지도자를 비롯하여 자원봉사에 나선 여러분들이 있었기에 이 축제가 성공할 수 있었다고 믿기에 더욱 감사드린다. 우리 섬사람들도 할 수 있다는 자신감을 얻은 것이 돈으로 계산할 수 없는 큰 수확이리라. 조금만 더 보완하고 얼마간의 예산 지원만 따른다면 전국의 어느 곳에도 뒤떨어지지 않는 축제가 될 것이다.

이로써 한산면 염개갯벌축제는 욕지면의 섬문화축제, 사량면의 옥녀봉 등반축제와 함께 지역 특색에 맞는 섬축제가 되었다. 그 섬의 지역특색에 맞는 아이템을 개발함으로써 도서민의 자긍심 고취는 물론 지역경제에도 효자 노릇을 하는 행사로 제3회 때부터는 당당히 통영시의 예산을 지원받는 지역 소규모 축제로 자리매김하였다. 물때를 맞추어야 하는 축제라 어려움도 많지만 올해 제9회 축제까지 한 번도 거르지 않고 축제를 계속 발전시켜준 한산면 주민 여러분과 후임 공무원 여러분께도 깊이 감사드린다.

part 06 | 청마탄생
　　　　100주년 기념
　　　깃발축제
　　　— 친일시비를 깨끗이 씻고

나는 영락한 고독의 까마귀
창량히 설한의 거리를 가도
심사는 먼 고향 푸른 하늘
새빨간 동백에 지치었어라

고향 사람들 나의 꿈을 비웃고
내 그를 증오하여 페리같이 버리었나니
어찌 내 마음 독사 같지 못하여
그 불신한 미소와 인사를 꽃같이 그리는고

오! 나의 고향은 먼 남쪽 바닷가
반짝이는 물결 아득히 수평에 졸고
창파에 씻친 조약돌 같은 새악시의 마음은
갈매기 울음에 수심져 있나니

희망은 떨어진 포켓트로 흘러가고
내 흑노같이 병들어
이향의 치운 가로수 밑에서 죽지 않으려니
오 저녁 산새처럼 찾아갈 고향 길은 어디메뇨
　　　　　　　　　—〈향수〉 전문

　2007년에 이어 2008년은 통영에 있어 정말 중요한 한 해였다. 2008년은 현대시 100년, 신극 100년, 청마가 태어난 지 100주년이 되는 해이다. 좌파정권 초창기부터 6·25 당시 우익 편에 섰던 청마를 폄훼하려는 많은 사람들의 집요한 친일 덧씌우기에도 불구하고 청마의 이름은 친일인명사전에 등재되지 않았다.

청마는 그의 시 〈향수〉에서 '고향 사람들이 나의 꿈을 비웃고 나를 인정해 주지 않았지만 그래도 마지막 찾아갈 곳은 내 고향 통영이다' 며 고향을 노래했지만 몇몇 통영 사람들은 끝끝내 청마를 내치고 말았다.

청마의 문학적 업적을 말살하려 달려드는 고향의 몰지각한 몇몇 인사들과 민족문제연구소와 맞서서 끝까지 선생의 명예를 지켜낸 단체는 다름 아닌 '청지사(청마를 지키는 사람들)' 였다. 청마문학회나 청마를 연구한 석·박사들이 아니라 청마를 사랑하는 통영시민들의 힘으로 그의 명예를 지켜 내었다는 것은 아무도 부인할 수 없을 것이다.

2008년, 탄생 100주년을 맞는 청마 유치환 선생은 일제 강점기에 태어나 그 질식할 일제 질곡의 하늘 아래서 조국 광복을 노래했고 해방 이후 윤이상, 전혁림, 김춘수 등과 문화협회를 발족하여 민족정기를 되찾는 데 노력하였다. 한국 시문학사에 큰 획을 그은 청마 유치환 선생의 치열했던 삶과 문학을 재조명함으로써 예향 통영의 자긍심을 더 높이고자 청지사와 통영문협에서는 '청마 탄생 100주년 기념 깃발축제' 를 기획하였다. 기본계획을 수립하고 추진위원회를 구성하는 등 수많은 일들이 기다리고 있었지만 왜 그렇게 신이 났는지 모를 일이다. 단 며칠간의 행사가 아니라 1년에 걸친 여러가지 행사로 준비하고 신경 쓸 일도 많았지만 정말 신바람 나게 일했다. 행사계획이 차질 없이 하나하나 완성되어갈 때는 나도 모르게 감격했다.

3월 10일 통영예총 산하 7개 단위지부 관계자가 모여 100주년 기본계획에 대해 논의를 거쳐 3월 18일에는 깃발축제위원회를 개최하여 정해룡을 위원장으로 선임하고 10월 2일부터 10월 5일까지 통영

 시 일원에서 다양한 행사를 개최하는 기본계획을 확정함으로써 윤곽이 드러났다.

 행사는 3월 28일 청마문학관에서 '청마탄생 100주년'을 선포함으로써 깃발 축제의 시작을 알렸다. 이어 8월 9일~8월 10일에는 한국수필문학가협회가 주최하고 통영문인협회가 주관하는 '청마탄생 100주년 기념 세미나'를 개최하였다. 김열규 교수의 청마 유치환의 문학(수필)세계 특강을 비롯하여 한국 현대수필 100년의 회고와 전망이라는 주제로 장백일(평론가, 국민대 교수)의 한국수필의 발자취, 고동주(수필가, 창신대 부학장)의 오늘의 한국수필, 이유식(평론가, 전 배화여대 교수)의 한국수필의 미래, 박종윤, 김지형의 질의 및 토론 등 의미 있는 세미나가 개최되었다. 이어서 9월 27일 문화마당에서는 이것은 소리 없는 아우성 '깃발 게양' 퍼포먼스가 있었다.

　10월 2일 오후 4시 '깃발축제' 개막식을 앞두고 청지사를 중심으로 시민들의 성금으로 제작된 청마 흉상이 통영 중앙동우체국 앞 향수 시비 옆에 세워졌다. 이날 깃발축제 개막식에 앞서 '청마를 지키는 사람들의 모임'(회장 조진규, 이하 청지사)과 문화예술인들은 선생이 편지를 보내기 위해 자주 다녔던 '청마거리'(통영시 중앙동 우체국) 인근에 세워진 청마의 〈향수〉 시비 앞에서 흉상 제막식을 가졌다.

　흉상 제막식은 김병룡 통영문인협회 회원의 청마의 시 〈향수〉를 낭송하면서 시작했고 이어 선생의 유족인 딸 유인전, 유자연, 정해룡 깃발축제위원장, 조진규 청지사 회장, 정규종 통영시 총무국장 등이 제막했다. 흉상 건립을 위한 성금 기탁자들의 이름을 흉상 뒷면에 동판으로 새겨 놓았다.

　이 흉상은 청마탄생 100주년, 신극 100주년, 현대시 100주년을 기념하기 위해 '청마 탄생 100주년 기념 깃발축제'와 때를 같이하여 순수민간단체인 '청마를 지키는 사람들' 주관으로 시민의 정성을 모아 제작 설치하였다.

　2008년 2월 청지사 정기총회 시 청마 흉상 제작설치 건을 상정,

만장일치로 통과된 이후 2차례의 기금마련 특별 공연을 개최하였으며, 언론 보도, 광고 등을 통하여 청마 흉상 기금마련에 대하여 적극적으로 홍보한 결과 총 1,000여 명이 동참 1,700여 만 원의 기금을 마련하였다.

 이어서 같은 날 오후 6시 시민문화회관 대극장에서는 개막식이 열렸고 10월 3일 오후 2시에는 시민문화회관 소극장에서 청마문학포럼 및 제9회 청마문학상 시상식이 열렸다. 청마문학상 수상자는 문학평론가 김윤식 서울대 명예교수가 선정되었다. 이어서 같은 날 오후 8시부터 청소년수련관에서 현대시 100년 기념 문학(시인)의 밤 행사가 열렸다. 10월 4일 시민문회회관에서 청마탄생 100주년 기념 전국 청마 시 낭송대회에 이어 같은 날 오후 6시 통영초등학교 강당에서는 청마 작사 교가제창대회가 열렸다. 이 외에도 10월 5일 전국 한글시 백일장 및 편지쓰기대회, 기록 사진 및 시화 전시회, 걸어서 떠나는 문학기행 등 다양한 행사가 개최되었다.

 '청마탄생 100주년 기념 깃발축제'가 다음 해에는 자연스럽게 통영문학제로 이어져 현재까지 그 맥을 잇고 있다는 것은 다 아는 사실이다.

part 06 | 통영 문학제

― 김춘수, 김상옥, 김용익의 문학정신 이어받아야

2008년 개최한 '청마탄생 100주년 기념 깃발축제'가 통영문학제의 종자가 되었다는 것은 통영의 문인들은 다 아는 사실이다. 오래전부터 문학의 고장 통영에는 통영문학제가 있어야 한다는 사실에는 공감했지만 정작 이를 행동으로 옮기고자 하는 노력은 더디게 진행되었다. 통영문학제의 하이라이트는 제대로 된 통영문학상을 제정하여 시상하는 일인데 청마문학상의 그늘에 가리어 이를 성사시키는데 엄청난 애로가 있었던 것도 사실이다. 사실 2008년 깃발축제를 시금석으로 삼아 이를 통영문학제로 키워 가리라는 야심찬 계획으로 깃발축제를 기획했었다. 당시 정해룡 예총 회장을 비롯한 관심이 많았던 선배 문인들께 깊이 감사드린다.

별도로 운영되고 있는 청마문학상도 통영문학제라는 카테고리로 끌고 들어와 통영문학상과 함께 시상식을 하도록 조율하는 등 어려움도 있었지만 오랜 산고 끝에 2009년 드디어 통영문학제(통영문학상)가 공식적으로 출범하게 되었다. 첫 해에는 시, 소설부문에서 각 1천만 원의 상금을 내걸고 통영문학상을 공모했지만 결국 소설 부문은 당선작을 내지 못하고 시 부문에서만 장석원 시인을 수상자로 결정하였다.

통영문학제 추진위원회(위원장 강수성)가 주관하여 2009년 7월 1일 문화마당에서 개최한 제1회 통영문학제 개막식에는 제10회 청마문학상 수상자인 김광림 시인에 대한 시상(상금 5천만 원)과 제1회 통영문학제 시부문 당선자인 장석원 시인에 대한 시상(상금 1천만 원)이 함께 있었다.

문학상 시상식 이외에도 7월 2일 오후 2시 통영시민문화회관 소극장에서는 소설가 김용익 선생에 대한 집중 조명으로 김열규 서강

대 명예교수가 주제발표를 하고 토론자로는 김정자(평론가) 부산대 명예교수와 문재원 부산대 교수가 나섰다. 이어 2부 순서로 시인 김춘수 선생의 집중 조명으로 차한수(시인) 동아대 명예교수가 주제발표를 하였으며 이상옥(시인) 창신대 교수와 김영준 시인이 토론자로 나섰다.

7월 3일 오후 7시부터 강구안 문화마당 특설무대에서는 음악과 함께하는 작품 낭송회를 열어 '유치환, 김용익, 김상옥, 김춘수, 박경리' 등 5인의 작품과 음악의 만남으로 시민들에게 문학의 향기를 전했다.

7월 4일 오후 4시에는 통영시 청소년수련관에서 '시인·시조시인 김상옥 집중조명' 심포지엄으로 유성호 한양대 교수가 주제를 발표하고 김연동 시조시인과 이달균 시조시인이 토론자로 나섰다. 행사 기간 중에는 강구안 문화마당에 5인의 시와 산문 중 20편을 선정, 배너로 제작해 전시하고 통영문인협회 회원들의 작품도 함께 전시하는 등 다양한 행사를 개최함으로써 오랜만에 문학의 도시 통영의 체면을 세웠다.

제1회 통영문학제의 평가보고를 통해 우리는 새로운 문학상 시상 제도를 제안했다. 통영, 원주, 하동 3개 지자체가 공동으로 제정하고자 했던 박경리 문학상은 유족의 반대로 무산됨으로써 약간의 빛바랜 감이 있지만 통영문학상을 현실에 맞게 수정·보완할 필요가 있었다.

제2회 통영문학제부터는 청마문학상 수상자 1명에게 주었던 상금 5천만 원으로 본상 1명 3천만 원, 신인상 2명 각 1천만 원으로 조정하였다. 청마문학회의 반발도 만만치 않았지만 청마문학상을 통하여 참신하고 역량 있는 신인을 발굴해야한다는 의견이 받아들여졌다. 물론 청마문학상 시상식도 통영문학제 기간 중 통영문학상 시상식과 함께해야 한다는 데도 전격 합의하였다.

당초 시, 소설부문에 한정하던 '통영문학상'이라는 이름을 통영 출신 문화예술인의 이름을 따 초정 김상옥 시조문학상, 대여 김춘수 시문학상, 김용익 소설문학상으로 변경하여 상금 각 1천만 원을 주도록 수정·보완하였다. 일부 유족들의 반발도 있었지만 지금 우리 시의 실정으로는 가장 현실적인 방범임을 설득하여 합의를 이끌어 내었다.

제도를 바꾼 첫해인 2010년 제11회 청마문학상 본상에는 이광석 시인의 《바다 변주곡》, 신인상에는 류인서 시인의 《여우》, 박지현 시인의 《저물 무렵의 시》가 당선되어 본상 3천만 원, 신인상 각 1천만 원의 창작 지원금이 주어졌다.

2010년 처음으로 시행한 김춘수 시문학상에는 김충규 시인의 《아무 망설임 없이》(2010, 문학의 전당 간刊), 김상옥 시조문학상에 이달균 시조시인의 《말뚝이 가라사대》(2009, 동학사 간刊), 김용익 소설문학상에 소설가 김정남의 《숨결》(2010, 북인 간刊)이 각각 수상작으로 결정되어 각 1천만 원의 창작 지원금이 주어졌다. 시상식은 2010년 10월 1일 저녁 7시 강구안 문화마당 특설무대에서 제2회 통영문학제 개막식과 함께 개최되었다.

한국 시문학사에 큰 획을 그은 청마 유치환의 문학정신을 기리기 위해 지난 2000년 2월 14일 청마문학관 개관과 함께 제1회 청마문학상을 시상한 이후 올해로 15회째를 맞은 수상자의 현황은 다음과 같다.

2000년 첫해에는 《의자와 계단》이라는 작품으로 시인 김춘수, 2001년 제2회 김윤성, 2002년 제3회 조영서, 2003년 제4회 서우승, 2004년 제5회 허만하, 2005년 제6회 함동선, 2006년 제7회 문덕수, 2007년 제8회 김종길, 2008년 제9회 김윤식이 받았다. 이때까지의 창작지원금은 1천만 원이었다.

2009년 제10회 김광림(5천만 원), 2010년 제11회 본상 이광석(3천만원) 신인상 류인서·박지현(각1천만 원), 2011 제12회 본상(2천만 원) 김시철, 신인상(5백만 원) 하린, 2012년 제13회 본상 박재릉(2천만 원), 신인상 이솔(5백만 원), 박희정(5백만 원), 2013년 제14회 신세훈(2천만 원), 2014년 제15회 차영한(2천만 원)이 수상하였으며 신인상이 폐지되고 창작 지원금에 약간의 변동이 있었다.

2009년부터 제정한 통영문학상 수상자는 다음과 같다.

2009년 시부문 장석원, 2010년 김춘수 시문학상 김충규, 김상옥 시조문학상 이달균(수상 포기), 김용익 소설문학상 김정남, 2011년 김춘수 시문학상 박완호, 김상옥 시조문학상 이우걸, 김용익 소설문학상 우선덕, 2012년 김춘수 시문학상 김선호, 김상옥 시조문학상 민병도, 김용익 소설문학상 박종관, 2013년 김춘수 시문학상 조동범, 김상옥 시조문학상 조동화, 김용익 소설문학상 박경숙, 2014

년 김춘수 시문학상 박판식, 김상옥 시조문학상 박옥위, 김용익 소설문학상 조용호가 창작지원금 각 1천만 원을 받았다.

　이처럼 문학상은 작가가 받기는 하지만 다른 상과 달리 우수 작품에 수여하는 상이다. 2010년 김상옥 시조문학상으로 선정된 《말뚝이 가라사대》의 작가 이달균과 이를 심사한 박시교, 이지엽 시인이 평소 친분이 있었기 때문에 심사에 공정성이 결여되었을 뿐만 아니라 담당 공무원이 작가로부터 작품집을 받아 통영문학제 추진위원회에 전달해 준 것을 두고 모 지역신문이 의혹을 제기하는 바람에 결국 당선자가 수상을 포기하는 사태가 초래되어 또 한 번 예향 통영의 부끄러운 단면을 보여준 꼴이 되고 말았다.

　'찬물도 상이면 좋다'는 말이 있다. 상을 싫어하는 사람은 없다는 말일 것이다. 이 세상에는 상의 종류도 많다. 정부 훈장이나 포상을 비롯하여 효부·효자상, 문화상, 미술상, 문학상, 우등상, 개근상 등등 그 이름조차 다 헤아릴 수 없는 상의 홍수 속에서 살아간다 해도

과언이 아니다.

　공적을 속여 상을 받았다가 들통 나 오히려 자신의 명예에 먹칠을 하는 이가 있는가 하면 어떤 이는 상을 받기 위해 의도적으로 공적을 관리하거나 만드는 이도 있다. 그 상을 받기 싫은데도 권유에 못 이겨 받았다가 구설수에 오르는 이도 있다.

　'오른손이 하는 일을 왼손이 모르게 하라'는 기독의 말씀대로 자기 이름이 언론에 알려질까 봐 익명으로 선행을 함으로써 상의 속박으로부터 해방되려는 속 깊은 사람도 있다.

　상은 그 공적에 비추어 잘 받으면 약이 될 수도 있지만 잘못 받으면 독이 될 수도 있다. 그래서 상은 그 상의 목적에 맞는 이를 잘 선별해 주어야만 주는 이나 받는 이 모두에게 영광이 될 것이다.

　특히 공직생활을 하는 우리에게 상의 중요성은 더 말할 필요조차 없는 일이다. 공적을 쌓았다고 다 상을 받는 것도 아니다. 관운이 있어야 승진을 하듯 상복이 있어야 상을 받는 것은 물론이다. 상은 승진에 가점을 주기도 하지만 잘못한 일이 있을 때 이를 상쇄해 주기도 한다. 그러니 누가 상을 받고 싶지 않을 것인가. 아직 뚜렷한 상 하나 받아보지 못한 나는 더욱더 분발할 일이다.

　육당 최남선의 문학상 수상자로 선정되었으나 '친일문학인의 이름으로 된 상을 받을 수 없다'며 상을 거절한 일이나 1995년 정부에서 수여하겠다는 보관문화훈장을 두고 '친일파도 받는 격에 맞지 않는 훈장을 받아 무엇 하겠느냐'며 상을 거절한 김상옥 시조시인의 상에 얽힌 이야기는 우리에게 시사하는 바 크다.

　2010년, 나는 수상의 주인공도 아니면서 때아닌 상 때문에 큰 곤욕을 치른 적이 있다. 통영시와 통영문학제추진위원회가 공동 주관한 김상옥 시조문학상에 응모한 모 시인의 작품집을 담당공무원이던 내가 대리 접수한 것을 두고 외압이니 특혜니 운운하며 모 지역신문에 대서특필하여 온통 벌집을 쑤셔 놓은 일이 있었다.

참 어처구니없는 일이다. 신춘문예 원고도 아니고 기 발표된 시집을 담당공무원이 대리 접수했다 하여 한참 뒤에 위촉된 심사위원이 공무원의 압력으로 수작秀作을 제쳐두고 저질 작품집을 수상작으로 선정했다는 이야기인데 소가 웃을 일이다. 더더욱 작품집 접수가 마감된 이후 통영문학상 심사위원회가 위촉한 2명의 심사위원과 나는 일면식도 없다. 현직 시장 선거캠프에서 함께 일한 수상자의 이력을 들어 이의를 제기하는 바람에 수상자가 상을 철회하는 초유의 사태가 벌어졌다.

문학상은 문화훈장이나 여타 다른 상과 달라 그 사람의 공적이나 치적과는 상관없이 시상 주최 측에서 공모한 시집 중에 가장 우수한 작품집을 수상작으로 선정하는 것이다. 즉 사람에게 준다기보다 작품집에 상을 주는 것이 문학상이다. 상을 받지 못해 배 아파한 지역의 모 시인의 모함이 불씨가 되었다는 사실이 뒤늦게 밝혀짐으로써 뒷맛은 더욱 씁쓸하다.

문학이 정치에 밀려 백기를 들던 그날 우리는 통영을 끔찍하게 사랑하던 전국의 문인들에게 단 한 마디 변명도 할 수 없는 수모를 당하고 말았다. 초정 선생이 살아계셨다면 뭐라고 했을까. 이러고도 통영을 문학의 도시라고 더 우길 생각은 추호도 없다.

— 김순철의 수필 〈상〉 전문

정일근 시인의 '길 위의 이야기 – 초정 김상옥 선생이 살아계신다면?(한국일보 2010년 9월 28일)' 이라는 칼럼이 재미있다.

지난해 통영문학상이 제정되어 시, 소설부문에서 각각 수상자를 뽑을 때 시부문 심사를 맡았다. 올해 통영문학상이 통영 출신 문학인의 이름으로 김춘수 시상, 김상옥 시조상, 김용익 소설상을 시상하는데 또다시 시부문 심사를 맡았다. 통영문학상은 심사의 공정성을 위해 작품 공모가 끝나면 심사위원이 위촉된다.

심사를 마치고 3개 분야 수상자가 발표됐다. 그런데 통영에서 김상옥 시조상 수상자를 두고 어처구니없는 시비를 걸고 있다. 수상자가 시장의 선거캠프에서 일했고, 현재 통영시청에서 일한다는 것이 '외압'이라는 것이다. 심사위원과 친분이 있어 '특혜'까지 있었다고 한다. 통영문학상 공모규정에 등단 20년 이하의 문인이면 참여할 수 있도록 되어 있다.

누구에게나 문이 열려 있는 것이다. 나도 같은 자리에서 시부문 심사를 했다. 시조상 심사는 어떤 특혜도, 어떤 외압도 없이 진행됐다. 이는 시조 부문 심사위원은 물론 통영문학상 심사위원 전체에 대한 명예훼손이다. 나아가 통영을 예향으로 만든 분들의 이름으로 주는 통영문학상에 대해 통영 스스로가 '침을 뱉는 일'이다. 문학을 싸구려 정치논리로 보는 것이 안타깝다. 시조상 심사위원들은 성명서를 내고 자신들의 명예를 실추시키고 문학을 정치판 아류로 몰고 가려는 것에 대해 '모든 법적 조치를 취할 것'을 밝혔다. 궁금하다. 초정 선생이 살아서 이 사태를 보시면 어떤 말씀을 하실까?

part 06

걸망개 당산축제

― 삼월삼짇날 기해 목신에게 받친 제사

　　　　2011년 10월《김순철의 이야기가 있는 풍경-통영의 신목》이라는 또 한 권의 책을 상재했다. 수십 년, 아니 수백 년 동안 마을 주민들과 영욕을 같이하며 제 스스로 몸매를 갖추고 마을 어귀에 서서 풍농과 풍어, 마을의 안녕을 지켜주던 마을의 수호신 당산 숲을 비롯하여 마을의 품격을 더 높여 주던 아름다운 숲에 대한 이야기를 기록으로 남겨두고 싶었다. 약 2년 동안 발품을 팔아 현장을 답사하고 마을 어르신들에게 들은 이야기를 생생하게 기록으로 남긴 책이다.

　우리 조상들은 나무를 숭배의 대상으로 보았다. 섣달 그믐날, 혹은 정월 초하루, 정월 대보름 등 이름 있는 날을 기해 치성을 드리며 마을의 안녕을 빌었다. 그런데 최근 이러한 신령스러운 나무들이 세월의 무게를 이기지 못하고 차츰 우리 곁에서 사라져 가고 있다. 현대의학으로 무장한 나무 병원 의사들의 거듭되는 진찰과 외과수

술에도 아랑곳없이 외롭게 죽어가는 여러 곳의 신목을 보면서 얼마나 가슴 아팠는지 모른다.

이제 거의 모든 지역에서 이러한 풍습은 사라지고 그 신령스러운 나무에 관심을 갖는 사람도 없어졌다. 물론, 수령樹齡의 한계도 있겠지만 사람들에게 관심을 받지 못함으로써 신목들이 더욱 빠른 속도로 우리 곁에서 사라져 가고 있다는 것을 깨달았다. 현장을 답사하면서 이미 사라진 풍습을 다 살릴 수는 없지만 어느 한 마을이라도 옛 풍습을 살리고 재현해 보아야 되겠다는 마음을 가지기 시작했다. 통영시 관내 수많은 신목들이 있었지만 왠지 '걸망개 당산숲'에 가장 큰 관심을 가지고 있었다. 그러던 어느 날 우연히 산양읍 신전리 신봉마을 김길태 이장을 만났다. 걸망개 당산제를 한 번 살려보자고 했더니 기뻐하며 함께해 보자는 것이었다.

신봉마을에서는 수십 년, 아니 수백 년 전부터 매년 삼월삼짇날을 기해 중촌마을 뒷산에 위치한 상당에서 제사를 올린 이후 다시 하당 격인 이 숲에서 마을의 풍어와 풍년을 비는 마을 동제를 지내왔다. 당초에는 대부분의 마을 주민들이 정성껏 마련한 밥상을 들고 나와 제사를 지내다가 십수 년 전부터는 스님에게 의뢰하여 당산제를 지내는 등 주민들의 관심이 급격히 줄어들었다. 그마저도 힘들어 한 삼년 동안 당산제를 모시지 않자, 생각지도 못했던 사고가 발생하는 등 재앙이 끊이지 않아 마을 총회를 거쳐 다시 당산제를 봉행한 적도 있다하니 어찌 이를 미신이라 할 것인가.

신봉 이장의 말씀에 용기를 내어 가칭 '2012 자연의 숨결, 걸망개 당산축제' 라는 축제 기획안을 만들었다. 주민대표들과의 의논을 거쳐 축제 일정은 2012년 3월 24일(음력 3월 3일)로 잡았다. 첫 행사라 준비할 일은 많은데 행사 기금 부족으로 많은 어려움이 있었다. 몇 년 전 한산도 염개갯벌 축제를 치른 경험에 비추어볼 때 지역행사는 절대 적자가 가지 않는다는 것을 잘 알고 있었다. 이장에게도 돈 걱정하지 말라며 독려하고 마을 주민들과 함께 완벽한 축제 준비를 마쳤다. 통영국제음악제 기간이라 프린지 공연도 유치하고 정영만 선생께서는 남해안별신굿 공연을 스폰서해 주겠다며 힘을 보탰다.

강남 갔던 제비가 돌아온다는 음력 3월 삼짇날, 벌써 계절은 봄으로 치닫고 있었지만 아침부터 바람이 세차다. 제아무리 바람이 차다해도 계절은 거스를 수 없는 듯 봄기운을 흠뻑 머금은 부드러운 바람이다.

아침 일찍 성광사 주지스님과 마을 대표가 모여 걸망개 당산축제의 시작을 알리는 상당제上堂祭를 지낸다. "걸망개 목신이여, 올 한 해 우리 동네 아무 사고 없이 잘 보살펴 주이소" 상당이 자리한 곳은 중촌마을 뒷산으로 한눈에 보아도 신령스러운 곳이다. 주변에는 아름드리 홍송이 줄지어 서있고 상당을 두른 돌담의 이끼가 세월의 두께를 말해주고 있다.

상당제가 끝나고 곧이어 하당격인 걸망개 숲에서 하당제가 시작된다. 하당제를 봉행할 무렵에는 숲 전체에 인산인해를 이루었다. 오랜만에 벌어지는 당산제를 구경하기 위해 원근 각처에서 수많은 사람들이 모여들기 시작했다. 식전 프린지 공연에 이어 김길태 이장의 인사말씀, 김영균 부시장의 인사말씀이 있었다. 서국현 통영시의회 의원이 초헌관, 신철기 산양읍장이 아헌관, 종헌관은 손수열 산양우체국장이 맡았다. 헌주를 하는 동안 마을 대표 이기영이 축문을 낭독했다. 이어서 정영만이 남해안별신굿을 공연하였고 마지막으로 산양읍 농악대의 지신밟기 행사가 있었다. 부대행사로 나무 막걸리주기, 윷놀이 등으로 이루어졌다. 약간의 바람이 있었지만 축제는 기획에서부터 실행에 이르기까지 대성공이었다. '2012 자연의 숨결, 걸망개 당산축제' 라는 이름으로 벌린 큰 굿은 신목에 대한 극진한 대접이었다.

걸망개 숲은 산양읍 신전리 324-1번지, 신봉마을에 있는 방풍림이다. 규모면이나 나무의 종류로 보아 어느 곳보다 완벽하게 조성된 아름다운 숲이다. 이 마을의 원래 토박이 지명은 걸망개였으며 거을망포巨乙望浦, 걸망포傑望浦, 건망포建望浦 등의 한자로 표기했다. 이곳 해안의 절골에 유서 깊은 절이 있었다. 마치 스님이 등에 메는 걸망(바랑)처럼 둥글게 생긴 포구라 하여 걸망개로 이름했다는 설과 미륵산 큰 망의 남쪽에 인접한 큰 포구라 하여 큰망개의 뜻에서 유래하여 걸망개라 일컬었다는 설도 있다.

이 마을에는 임진란 전부터 김·여·백 세 성씨가 처음 들어와 살았다고 하며 임진란 때 풀 띠로 엮어 만든 거적(뜸)을 삼천진三千鎭

에 납품했다고 전한다. 이 숲은 400여 년 전 방풍림으로 심었다고 하는데 600㎡의 면적에 팽나무, 느티나무를 비롯하여 자연 파종된 소나무까지 가세하여 약 스무 그루의 거목이 줄지어 서있다.

  2012년 당산제를 시작으로 통영시 당산축제의 대표주자로 매년 치르고 싶은 것이 우리의 꿈이었다. 첫해 행사를 치르면서 부족했던 부분을 보완·발전시킨다면 지역 축제로서 충분한 가치가 있을 뿐만 아니라, 이런 축제를 통해 자꾸만 뜨거워져 가는 지구를 위해 우리가 해야 할 일이 무엇인지를 깨닫게 할 수 있다는 생각이었다. 그런데 애석하게도 이 축제는 단 한차례의 행사로 끝나고 말았다. 정말 안타까운 일이다. 수많은 노력으로 다시 일구어 놓은 당산제의 단절을 아쉬워하며 〈걸망개 당산나무〉라는 시를 제물로 바친다.

> 사백이십 년 전 참혹했던
> 칠년 전쟁 일어나기 전부터
> 이곳에 터 잡고 거적 엮어
> 삼천진에 내다 팔며
> 입에 풀칠하기도 힘겨웠던
> 그 썩을 놈의 세상
>
> 와중에 깨어 있는 선각자 있어
> 바랑처럼 둥근 걸망포구에
> 손가락 같은 어린 나무 심었더니
> 제 스스로 몸매 다듬어
> 수백 년 한결같이
> 희로애락 민초들과 영욕 같이하였나니

엄동설한 벌거벗은 나목으로
새봄 오는 소리 맨 먼저 일러 주었고
사방천지 연둣빛으로 물들어 오면
녹색 물감 풀어 천연 쉼터 만들고
신봉 들판 누렇게 물들면
나이테 하나 또 늘어간다
사라호, 셀마, 매미 온 세상 다 집어삼켜도
걸망개 숲 비켜 간 자연의 섭리 앞에
두려운 마음으로 고개숙여왔다
임진왜란, 한일합병, 육이오, 사일구, 오일육
모질고 독한 세월 속에서도
이야기를 만들어 낸 넉넉한 그의 품

이제 하나 둘 고향 떠나고
먹고살 만하다 의기양양하며 미풍양속 다 팽개쳐도
사백 년을 하루같이 마을을 지키는 목신이여!
그 지독한 이산화탄소 다 들이마시고도
끄떡없이 신선한 공기를 선사하는 신목이여!

생사고락 함께했던
민초들 다 가고 없어도
영원히 이 땅 이 포구 지키며
수백 년 침묵으로 여기 서있으리

—김순철의 〈걸망개 당산나무〉 전문

부록

- 통영 시민 문화운동 협찬자 명단
- 통영시 문화소사
  ─1995년 이후~현재

통영 시민 문화운동 협찬자 명단

● 김춘수 꽃 시비 (2007년)

김순철 권숙이 서우승 박우권 유용문 유숙자 이효빈 김홍남 이정순 김맹이
배윤록 김현숙 홍일선 허윤정 정을화 김금옥 김상영 박기정 안익규 강환선
김춘자 배도수 김미영 남남선 김태곤 최윤숙 문흥범 이원섭 통영HEAD
장장미 김영남 한연순 김일선 김영태 정윤해 박순정 박승연 김　영 김해건
이재옥 김경애 조계철 문온유 이상희 정병국 정혁민 정지현 이혜영 우치욱
우수연 정남주 김환용 김옥선 오규환 오정현 오주현 최홍림 이영태 추진규
통영시공무원문학회 정소연 추필연 최윤기 최진혁 최유미 최우니 구양순
김미선 강민옥 이무숙 조현숙 오하룡 이철성 최원석 오세광 최원주 김점련
김영옥 노미화 김인자 이주옥 김춘길 이이옥 김순애 공차선 김양선 김화자
한정자 김태현 김민규 김민관 김민건 성병원 김영화 김상현 김민진 배선희
민항식 허도명 김영남 허미향 허정웅 신권호 김길환 박순옥 손미경 이창섭
박순생 강기재 박원순 김득곤 김대도 김다복 김　율 이종애 이태엽 정해룡
최광수 강성대 심미련 김성찬 조한식 이병철 배성원 이상부 이상민 김정민
백유정 김태주 김홍란 박정연 김성혜 안영란 김병렬 김준홍 임지현 김동근
김민경 이영희 김정환 김지연 김수현 김호성 최영아 남치홍 남영현 남희현
정성이 탁현수 김경애 탁정정 탁승준 최창수 조치흠 전수옥 강희선 류성한
류준영 류슬기 김원숙 강석주 김정화 최연철 박태주 강치순 이숙남 김현성
이순호 고정자 조영희 박영준 김미옥 고　연 김용삼 이정연 곽정숙 박금연
황영숙 심향숙 박윤자 통영문인협회 유문두 서미자 김진숙 박순자 여명숙
이미금 김순효 김윤자 황종훈 황진수 황진영 장희래 김영순 장시영 장혜영
김부기 김종원 송성언 송예슬 송예빈 박은표 김영훈 정인태 성명만 김성심
박광용 박광호 조광연 베이스캠프 김인선 김정열 박정길 김근용 김옥달
손금용 백지연 손현우 손예원 차옥자 강경환 곽석만 오용식 김동식 김성운
박옥자 김선희 김상민 박찬혜 서민상 서민서 이인수 이승현 이성의 이원보
허덕용 양점주 문성운 무명씨 박송용 윤정아 박지나 김준홍 윤상호 이용민

백철기 김홍수 정연순 김건희 김주현 박우선 양성웅 양효원 윤미진 김혜경
장재식 박창화 홍종화 박영희 권궁자 나영균 김종행 조정호 류민환 이영옥
유영재 이동진 신경철 김명화 신혜경 신동환 이창우 서주희 하천일 송순경
김동구 곽양호 박현심 변양순 김성규 배상식 장명옥 배성현 배서희 김민식
김정임 김단비 김동언 김귀선 황계순 변원정 안길이 김상자 심홍보 문명숙
심나라 심누리 심조은 심덕보 심성보 심선희 심윤희 심미희 신오경 최병대
유영희 박말선 박기호 옥유수 박선우 박민주 김기호 이희태 김영순 김영희
이혜경 배상윤 정귀선 정동현 정창옥 오동나무와벌 강남규 채호병 강정렬
임영화 오임숙 윤광한 윤석보 차영한 진상대 설복도 김명주 추범용 추혜진
추자성 김지웅 김용모 정희민 신진섭 강영란 신유미 신가은 이형필 박종순
이승은 이금진 류태수 양순욱 김태종 정수원 강선주 홍민자 박부임 김일룡
양 흔 강인희 진의장 나기석 나보아 최민영 서동일 강재남 조신영 염경자
강경옥 추수선 박선민 박선민 이정화 허지윤 허정록 강성욱 이성민 이홍찬
강영희 변영실 이안희 이한웅 김성삼 정성재 김정미 조규조 조경섭 김상수
김연숙 김연순 이봉근 윤우연 양승모 변수선 이상길 박금석 조민섭 이외영
장미자 정점규 박철민 허순채 김철수 임재연 여인동 정점례 정둘이 손승규
정둘선 김재두 정택식 이영수 전준상 전은수 전은영 김한이 김덕규 서정일
강현주 유문경 강철영 김성재 조남찬 양미경 제정성 김철민 이종국 김세윤
김명주 전영근 허도한 서지영 통영전문장례식장 조봉숙 강수성

(성금 접수 순서)

● 청마 유치환 동상 (2008년)

감일목 강가림 강기용 강기재 강기찬 강남규 강다현 강덕중 강도문 강둘연
강룡하 강민자 강성대 강수성 강유주 강은혜 강장훈 강재남 강주연 강진호
강태원 강현주 강홍석 강지현 강태현 고명욱 고병민 고 연 고영준 고예람
고주연 고주환 고하림 고훈석 공수옥 곽민우 구계자 구기랑 구정현 권수현

권숙이 김기영 김갑수 김건희 김경로 김경림 김경미 김경애 김광섭 김광호
김귀선 김귀선 김근애 김근용 김기성 김기호 김남영 김덕남 김도연 김동우
김동진 김동화 김둘남 김득수 김려도 김려진 김륜경 김륜아 김만국 김맹기
김맹련 김명극 김명선 김명순 김명자 김명한 김명화 김문태 김미경 김미라
김미선 김미선 김미성 김미숙 김미숙 김미순 김미승 김미영 김미정 김미희
김민건 김민관 김민규 김민서 김민재 김민준 김민준 김민준 김민지 김민진
김범준 김범호 김병수 김병헌 김보광화 김부기 김상동 김상분 김상선 김상섭
김상영 김상헌 김상호 김석인 김석중 김선자 김선희 김성국 김성락 김성민
김성문 김성찬 김성한 김성헌 김성해 김성호 김성호 김성훈 김수경 김수덕
김수성 김수현 김숙선 김순분 김순선 김순애 김순자 김순철 김순효 김순희
김승길 김승남 김승연 김승민 김승희 김쌍호 김아성 김어진 김언호 김연정
김영순 김영원 김영월 김영호 김영화 김영훈 김영희 김예원 김외숙 김용모
김용진 김용징 김원숙 김유연 김유영 김윤승 김윤자 김윤한 김이남 김인수
김일룡 김일선 김인진 김재광 김재선 김재우 김재은 김정국 김정미 김정인
김정서 김정섭 김정진 김정헌 김정호 김정희 김종규 김종만 김종성 김종수
김종수 김종숙 김종식 김종영 김종우 김종원 김주엽 김주영 김주현 김중환
김지윤 김진성 김진실 김진우 김진테 김찬미 김채린 김채민 김철희 김태곤
김태완 김태진 김태현 김태현 김태희 김판구 김판암 김한별 김한새 김해용
김행소 김향란 김향자 김현령 김현수 김현재 김현진 김현희 김형준 김혜경
김혜림 김혜숙 김호석 김홍기 김홍란 김환경 김홍수 김희동 김희성 김희숙
김희준 나기석 나미경 나민철 나보아 나시은 나재은 나재승 나해춘 남곡문
남기훈 남도임 남병국 남영희 남정록 노일환 류귀식 류태수 류현주 모상철
문상현 문정길 문지현 문지혜 문학회 민순기 민애숙 민영현 박강언 박건오
박경범 박광률 박금석 박기원 박동언 박명율 박무열 박무환 박미선 박미애
박미화 박미희 박민관 박민준 박병수 박보현 박분애 박상호 박선민 박성대
박성복 박성오 박성욱 박성훈 박소영 박소현 박송지 박수경 박시문 박애리

박연혜 박영선 박영우 박영준 박예리나 박예자 박용현 박우권 박원국 박원석
박원순 박인석 박인선 박재동 박재영 박재형 박정림 박정선 박정연 박정열
박정욱 박정하 박정희 박종순 박종현 박주평 박준영 박준우 박지나 박지운
박진범 박진형 박진혜 박창화 박 철 박태곤 박태홍 박혜신 박혜정 박황석
박효열 박휘열 반평원 배다빈 배덕남 배민화 배양순 배인갑 배현경 백명석
백봉기 백분선 백억진 백은정 백준호 변영구 서경진 서경희 서국현 서복순
서연순 서영우 서운애 서인숙 서정일 서창보 설복도 성병원 성재영 소봉갑
소해경 손규민 손명호 손명희 손미경 손상훈 손영희 손임숙 송경호 송남운
송미경 송승현 송정경 송진현 신경철 신경화 신권호 신동환 신둘순 신봉순
신종윤 신중원 신현명 신현민 신혜경 신혜정 심혜경 심화임 안병균 안봉화
안순모 안쌍덕 안영란 안영준 안형국 양미경 양용주 양용치 양은모 양태석
양현근 얀혜림 양혜원 양환석 엄정희 엄학림 염은화 예혜란 오경수 오상철
오세광 오영숙 오외주 오진태 옥민화 우정숙 유경민 유경희 유계자 유광준
유국금 유국진 유도원 유문두 유병윤 유봉모 유상규 유상용 유성환 유순희
유승엽 유승하 유예림 유용문 유인순 유임분 유재민 유정호 유지원 유창수
윤기범 윤기산 윤다훈 윤미연 윤성규 윤성운 윤수선 윤일희 윤정아 윤정하
윤정희 윤종원 윤진수 윤찬희 이경건 이경숙 이경식 이경아 이경자 이경환
이경희 이광숙 이광식 이금진 이다정 이덕구 이동범 이동순 이동열 이동완
이동욱 이동현 이동호 이동환 이룡권 이명재 이명희 이무성 이민기 이민자
이민태 이방호 이병갑 이부섭 이부연 이부원 이상건 이상덕 이상연 이상엽
이상철 이서영 이선자 이선주 이수민 이수진 이숙기 이숙남 이승은 이승준
이승현 이신명 이연실 이연주 이영태 이옥령 이왕재 이용주 이원섭 이원후
이유식 이윤기 이은지 이은혜 이재옥 이정만 이정미 이정애 이정연 이정포
이정표 이정화 이정훈 이정희 이종면 이종애 이종진 이주신 이 준 이지성
이지연 이지우 이시원 이지현 이지환 이진섭 이찬희 이창동 이창섭 이창우
이철수 이철원 이춘호 이치현 이태건 이태곤 이태수 이태엽 이하나 이현권

이현미 이현정 이형철 이형필 이혜민 이해영 이혜우 이호정 이호준 이홍기
이홍숙 이희태 임경숙 임경준 임명률 임복남 임점덕 임정현 임주현 장　건
장래수 장명순 장명옥 장병훈 장성준 장세진 장양규 장지현 전서은 전안철
전영준 전옥병 전혜숙 정경선 정경주 정관식 정국부 정규빈 정덕악 정동영
정동조 정동현 정맹희 정명식 정명준 정무남 정문수 정민수 정민희 정성대
정성미 정성민 정성준 정성원 정성희 정세현 정수현 정순자 정애자 정연경
정연순 정영봉 정예은 정우민 정우빈 정운혜 정유규 정윤아 정윤정 정은빈
정은화 정인자 정재용 정정윤 정창진 정채균 정태식 정평곤 정하은 정해룡
정현원 정형숙 정혜숙 제수연 제순선 제정성 조광식 조근봉 조금화 조맹열
조명미 조문경 조민섭 조복희 조봉숙 조정제 조성민 조정진 조수익 조양천
조열제 조영규 조영만 조영식 조영진 조영희 조인경 조인우 조재숙 조종규
조종익 조주석 조진규 조진현 조창환 조현성 조현화 조혜진 조효익 주대환
지영민 지영주 진은희 진의장 진점곤 진현우 진형철 차영한 차진수 차진혁
채문홍 채태석 천금이 천성호 천숙자 천승아 천평호 최금수 최기조 최민성
최민영 최부길 최선영 최성린 최성자 최순연 최어빈 최욱진 최원석 최원정
최원호 최유리 최유진 최은영 최은진 최일화 최재관 최준혁 최중호 최지웅
최진영 최진호 최향옥 최홍림 추민경 추민철 추수봉 추인호 추혜린 탁희경
하영대 하창식 한상학 한승호 한연순 한영진 한인성 한재식 한효철 한희정
함현정 허　근 허　도 허도명 허도한 허미혜 허순채　허재명 허정록 허지윤
허지혜 허춘수 홍수빈 홍유빈 홍인표 홍정훈 홍태영 황덕용 황민제 황상진
황성희 황연주 황영경 황영숙 황정식 황정태 황종관 황지연 황찬희 황태석

(가나다순)

● **김성우의 〈돌아가는 배〉 문장비(2009)**

김순철 김상영 김종철 박순생 이재복 차영한 박태주 박춘섭 오태수
서우승을 사랑하는 사람들 김흥국 임채민 제왕국 이대봉 통영의 향기 천사모

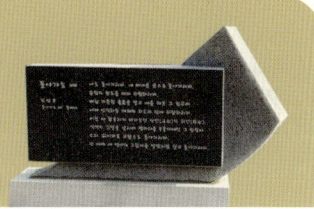

안길이 권주태 수향수필문학 강기재 임숙영 정해룡 김용종 임홍도
통영시공무원문학회 안길이 박순옥 김윤조 통영문인협회 구영철 이재옥
곽금식 유광준 김성찬 조영희 권숙이 김부기 정종부 경남재능(주)
이용운 최홍림 박우갑 김둘남 해군333편대 박양세 강재동 조용재 박은희
김순덕 욕지테니스클럽 이왕호 정철민 정선자 목청송어촌계
욕지면주민자치위원회 백영기 이태영 성성희 도동어촌계 욕지노인회
송상희 황영선 박덕찬 욕지면새마을협의회 욕지면여성의용소방대 김미숙
재능교육 통영농협욕지지소 곽봉식 욕지면생활개선회 욕지면자생단체장협의회
욕지중학교 박승명 서촌마을회 김학수 김수덕 조동제 욕지면주부민방위대
배정대 욕지면새마을부녀회 홍유배 손쾌환 조남제 자부어촌계
자부주민일동 동촌마을회 황철진 문권홍 서성곤 김순돌 정규상 강동우 배치홍
최쌍돌 욕지개척기념축제운영위원회 욕지면이장단협의회 동제어촌계 김광민
욕지라이온스클럽 (성금 접수순)

● 서우승의 〈물소리〉 시비(2009년)

이재안 배숙자 김성한 제왕국 김성찬 박종민 신철기 김종삼 김영태 조영희
박우권 김부기 김철호 김순철 임갑출 김일선 손명석 강권옥 김윤조 정희민
정해룡 김종근 박연옥 안춘모 한연순 임홍도 권숙이 백미숙 김석원 김정관
최연철 백인성 임채민 이강호 김옥근 김명실 강   원 정종선 김말이 전안석
손숙정 소수연 김경연 오영미 안길이 박   영 전안철 김다솔 전순자 강재남
유영희 김덕우 김둘남 정갑섭 김민영 이문효 민영현 이왕호 권혜숙 백철기
이용운 오하룡 이재옥 안익규 강호철 강기재 박순생 박순옥 설희숙 강수성
박태주 김혜숙 차영한 이창구 김복근 이지령 고동주 추연민 최수희 강병옥
천복동 김부옥 이경건 무명씨 서이교 정광민 이우걸 서용주 신영찬 설복도
허순채 김병롱 조정희 김상영 유광준 공현혜 서   룡 김종수 박정욱 박순자

한수남 곽동실 정소란 하정선 박태도 박동원 김점련 김윤근 김종학 박건오 서인보 서대승 서일승 서숙희 서진승 서민승 서종원 서순승 홍진기 우지연 천태봉 유문두 이부원 (성금 접수순)

● **전혁림 화비**(2011년)

강복희 강선학 강수성 김기회 김둘남 김명애 김상영 김성찬 김순철 김순효 김연옥 김영태 김윤숙 김윤일 김이순 김일룡 김점연 김정문 김종식 김철우 김충남 김 향 김화자 문계훈 문광희 박미령 박순옥 박재완 박정선 반중검 방정아 배정아 설종국 성성희 성용기 성희정 송건오 송무원 송용주 송유진 송인순 신서정 신영희 신옥진 신용운 신형준 신혜경 양명경 양미화 염은경 오광수 윤 정 윤흥석 이경락 이경안 이둘란 이민기 이민윤 이선정 이정연 이창운 이춘근 이희태 임기홍 장민영 장봉호 장연옥 정광석 조현길 지미영 진상명 하둘선 한선이 한순개 허미향 허정웅 홍경찬 황수원 김재선 이기아 최옥란 박봉자 염정순 주민자 정성이 서미선 황현자 정삼주 이홍길 고기홍 이금옥 이외경 유복만 김장현 김재본 박순생 김영래 강옥수 안현화 황영호 김성렬 김순애 황선희 손태도 윤철원 신재학 신용석 유혜숙 전옥숙 박영희 옥현숙 고강욱 임한성 김호관 전혁림미술관 이 명 강혜원 차한수 백형철 이낙권 이성기 문철근 정대곤 김홍주 김명진 김원기 천재율 안정도 이지환 이상엽 정정희 황삼주 최진규 오광수 서성록 통영미술협회 최규태 조정순 김이환 신영숙 최준석 손태호 정동재 정해룡 허성심 통영예술의 향기 이연숙 박우권 이부우 김문정 신수간 박종렬 문계훈 김재본 신용우 조용인 김효경 박대건 김이분 류경이 정원희 이지수 이금옥 박동자 최금숙 정봉금 최경묵 김미정 송정재 신봉명 강정숙 유귀선 정미화 최봉임 김성남 김인채 김진환 김진숙 김달연 김민욱 김세욱 김진욱 고기옥 전옥숙 김경자 정미영 김진숙 김송 남종신 최윤숙 유영희 손미경 김주영 김유영 이민자 정차순 (성금접수순)

통영시 문화 소사 (1995년 이후~현재)

1995년
작곡가 윤이상 타계(1995. 11. 3)

1997년
통영시민문화회관 준공(1997. 10. 1)
통영남망산조각공원 개장(1997. 10. 1.)
남망갤러리 개관(1997. 10.)
통영시 향토역사관 개관(1997)

1999년
통영시지 발간(1999. 2.)

2000년
제1회 청마문학상 시상(2000. 2. 14.)
청마거리 선포(2000. 2. 14.)
청마문학관 개관(2000. 2. 14.)

2001년
윤이상거리 선포(2001. 2.)
청마 유치환 〈행복〉 시비 건립(2001)

2003년
전혁림미술관 개관(2003. 5. 11.)
영화의 고향 표지석 건립(2003.)

2004년
시인 김상옥 타계(2004. 10. 31)
시인 김춘수 타계(2004. 11. 29.)
유명예술인 생가표지석 건립(2004)

2005년

〈김약국의 딸들〉 표석 설치(2005.)

2006년

통영예능전수관 개관 (2006. 2. 22.)
통영옻칠미술관 개관(2006. 6. 15.)
최초 서양인 도래지 표석 건립(2006. 9. 14.)
청마 유치환 〈향수〉 시비 건립(2006)

2007년

초정 김상옥 〈봉선화〉 시비 제막(2007. 3. 29.)
청마 유치환 자작시 해설집 《구름에 그린다》 출판기념회
(2007. 3. 31.)
통영대교 타일벽화 준공(2007. 5. 4.)
〈돌아가는 배〉 공연(2007. 5. 18.)
이수자 여사 통영 방문(2007. 9. 14.)
김춘수 〈꽃〉 시비 제막
(최초 2007. 11. 29. 이전 2011. 7. 1.)
초정거리 선포(2007. 12. 4.)
청마 유치환의 친일 논란에 대한 학술토론회
(2007. 12. 29.)

2008년

시인 서우승 타계(2008. 3. 30.)
김춘수유품전시관 개관(2008. 3. 28)
청마탄생 100주년 선포(2008. 3. 28.)
한려수도조망케이블카 준공(2008. 4. 18.)

소설가 박경리 타계(2008. 5. 5)
박경리 영결식 및 추모공원 조성(2008. 5. 9.)
제1회 통영연극예술축제 개막(2008. 6. 20.)
청마 유치환 흉상 건립(2008. 10. 2.)
청마탄생 100주년 기념 깃발축제 개막(2008. 10. 2.)
국립현대미술관 찾아가는 미술관 개관(2008. 10. 8.)
동피랑벽화마을 조성(2008.)

2009년

서우승 〈물소리〉 시비 제막(2009. 3. 28.)
도산예술촌 현판 게첨(2009. 5. 17.)
제1회 통영문학제 '문학의 땅 통영' 개막(2009. 7. 1.)
제1회 통영문학상 시상식(2009. 7. 1.)
통제영관아 백화당 상량(2009. 8. 13.)
김성우 〈돌아가는 배〉 문장비 제막(2009. 10. 24.)
해미당갤러리 오픈(2009. 12. 3.)
백석 통영 시비 건립(2009)

2010년

정지용 〈통영·5〉 문장비 제막(2010. 2. 26.)
윤이상기념관(공원) 개관(2010. 3. 19.)
박경리기념관 개관(2010. 5. 5.)
전혁림 타계(2010. 5. 25.)
전혁림 영결식(2010. 5. 29. 통영예총장)
김춘수 동상 건립 (2010. 6. 14.)

통영시립도서관 개관(2010. 8. 20.)
화가 차우용 타계(2010. 9. 13.)
문화지도《예향 통영》발간(2010. 10.)
아름다운 시가 흐르는 섬마을 축제
(2010. 10. 30. 사량 능양마을)

2011년

윤이상거리 선포(2011. 2. 16.)
이야기가 있는 문화생태탐방로 '토영 이야~길' 개장
(2011. 3. 12.)
벅수골 30주년 발간(2011. 3. 18.)
전혁림 1주기 추모제 및 화비 제막(2011. 5. 24.)
이영준 박물관 유물 및 김성은 장군 유품기증 협약
(2011. 5. 30.)
김상옥 좌상 건립(2011. 9.)
백건우 섬마을(욕지도) 콘서트(2011. 9. 24.)
김용주 화비 제막(2011. 10. 1.)

2012년

동피랑갤러리 개관(2012. 2. 14)
유익서《한산수첩》출판기념회(2012. 8. 3.)
차우용 추모전(2012. 10. 12.)
2012 연명예술촌 번지 없는 미술전(2012. 11. 19.)
움직이는 미술관 개관(2012. 12. 10.)

2013년

김용식·김용익기념관 개관(2013. 4. 17.)
이중섭 조각 제막(2013. 4. 26.)
문화예술아카데미 개강(2013. 5. 7.)
백건우 섬마을(사량도) 콘서트(2013. 6. 7.)
《통영의 문화재》《문화재의 얼굴》 발간(2013. 6. 25.)
통영문화원사 준공(2013. 7. 26.)
제53회 통영한산대첩축제(2013. 8. 14.~8. 18.)
한산대첩기념비 제막(2013. 8. 14.)
통영삼도수군통제영복원 준공(2013. 8. 14.)
통영시립박물관 개관(2013. 9. 26.)
〈통영과 이중섭〉 영화 촬영(2013. 11. 5.)
통영국제음악당 준공(2013. 11. 8.)

2014년

이태규 추모전(2014. 5.)
2014 연극예술축제(2014. 7. 1.~7.10.)
2014 통영문학제 (2014. 7. 5.~7. 6.)
제53회 통영한산대첩축제(2014. 8. 13.~8. 17.)

1쇄 찍은날 | 2014년 10월 30일
3쇄 찍은날 | 2017년 8월 22일

지은이 | 김 순 철
펴낸이 | 오 하 룡

펴낸곳 | 도서출판 경남
주 소 | 창원시 마산합포구 몽고정길 2-1
연락처 | (055) 245-8818~9 / 223-4343(f)
이메일 | gnbook@empas.com
출판등록 | 제567-1호(1985. 5. 6.)
편집팀 | 오태민 | 심경애 | 구도희

＊이 책은 경남문화예술진흥원 으로부터 제작비 일부를 지원받았습니다.
＊잘못된 책은 바꿔 드립니다.
＊저자와 협의 인지 생략합니다.

ISBN 978-89-7675-923-8-03810

〔값 17,000원〕